0 Einführung

Dieses Buch möchte Ihnen helfen zu verstehen, was einen Katholiken ausmacht. Nicht dass Katholiken sich von anderen Menschen unterscheiden. Vermutlich können sie keinen aus einer Masse herausfinden …

Aber Katholiken glauben an gewisse Dinge, welche die Art, in der sie über sich selbst und die Welt denken, beeinflussen. Ihr Glaube hat starken Einfluss auf ihren Lebensweg. Er hilft ihren Charakter, ihre Ideale und ihre Werte zu formen – selbst wenn sie inzwischen nicht mehr viel mit Religion am Hut haben.

Das Buch will Ihr Verständnis für den katholischen Glauben wecken oder erhöhen. So werden die folgenden Seiten versuchen, die Bedeutung dieses Glaubens und einiger Praktiken der katholischen Kirche zu erklären und zu zeigen, warum sie für einen Katholiken so wichtig sind.
Aber einige Dinge wird dieses Buch keinesfalls versuchen:

Inhalt

START

1 Katholiken und Religion

Menschen haben einige eigenartige Vorstellungen über Religion. Einige denken, es ginge darum, Gott bei Laune zu halten:

Andere denken, sie ist etwas, an das sich Menschen klammern, um das Leben erträglicher zu machen:

Wieder andere denken, sie ist nur harmlose Konversation:

Es gibt auch einige, die denken, dass das alles Quatsch ist:

Die meisten aber denken, dass sie gut ohne Religion auskommen:

Katholiken denken nicht so über Religion. Sie halten sie für wichtig, da sie sich mit der größten Frage der menschlichen Existenz beschäftigt:

Solche Fragen können nicht von Wissenschaftlern, Politikern oder Ökonomen beantwortet werden.

Um das Herzstück der menschlichen Existenz liegt ein großes, rätselhaftes

MYSTERIUM

Katholiken haben vor dem Wort Mysterium (Geheimnis) keine Angst. Es ist ihnen vertraut. Aber wenn sie es benutzen, meinen sie nicht etwas wie »puzzeln« oder »rätseln«.

Und sie meinen auch nichts Unerklärbares.

Was sie meinen, ist etwas, das real ist, aber mit einer solch tiefen Bedeutung, dass es niemals vollends durchschaut werden kann. Es ist etwas, das wir alle zu jeder Zeit erleben. Wir sind umgeben von Geheimnissen, ob wir sie nun entdecken oder nicht. Nehmen wir zum Beispiel die Natur. Je mehr wir sie untersuchen und analysieren, umso mehr entdecken wir unsere eigene Ignoranz ihr gegenüber.
Wenn wir über irgend etwas genug Fragen gestellt haben, kommen wir immer zu den Fragen, die nicht beantwortet werden können.

Das trifft besonders auf das uns am nahestehendste Geheimnis zu: das Mysterium Mensch.
Man muss nur einmal an jemanden denken, den man liebt, um zu merken, dass man den- oder diejenige niemals vollständig kennen wird. Wenn man versucht, so jemanden zu analysieren und zu beschreiben, merkt man schnell, dass es viel mehr zu sagen gibt als Worte ausdrücken können.

Auch wenn man an sich selbst denkt, merkt man, dass es einen Teil gibt, den man nicht erreichen kann. Man weiß, dass er da ist und dass er sich versteckt. Es ist ein Geheimnis.

Nun wollen wir versuchen, all das, was wir über Religion gesagt haben, zusammenzufassen:

1. **Religion** erkennt, dass es viel mehr Dinge gibt, als die, welche gesehen, gehört, gewogen oder gemessen werden können.
2. **Religion** erkennt, dass es genauso wie die sichtbare eine unsichtbare Welt gibt – eine Welt der Mysterien, welche sich im Herzen aller Dinge befindet.
3. **Religion** erkennt, dass dieses Geheimnis nichts Vages und Komisches ist, sondern etwas, das wir an jedem Tag erleben.

Die Religion möchte diese mysteriöse und verborgene Seite der menschlichen Existenz erforschen. Die religiöse Suche ist der Versuch, in dieses Geheimnis einzudringen. Dies gilt für alle Religionen. Und es gilt auch für den katholischen Glauben.

1 Katholiken und Religion

Etwas, auf das man sich stützen kann **Ist Religion bloß ein Krückstock?** Nein, sie ist gerade das Gegenteil. Sie hilft uns auf unseren eigenen Füßen zu stehen und uns unserer eigenen Realität zu stellen. Religion ermutigt, uns den fundamentalen Fragen des Lebens zu stellen. Sie lehrt uns, viele Probleme des Lebens zu meistern. Die Krücken, auf die Menschen sich stützen, sind dagegen Dinge wie Alkohol, Drogen oder Astrologie. Sie hindern uns an der Wahrnehmung der Verantwortung für unser eigenes Leben.

Keine Freude **Religiöse Menschen machen sich ständig Gedanken, ob sie in den Himmel kommen, wenn sie einmal sterben. Nimmt das nicht dem Leben all den Spaß und das Angenehme?** Für manche Menschen ist Religion eine trübe und graue Sache. Sie sehen das Leben unter dem strengen »Oberlehrerblick« Gottes als eine Art Eignungsprüfung für den Himmel. Alles, was man denkt und tut, wird entsprechend zensiert. Aber nicht alle religiösen Menschen verstehen ihr Leben so. Katholiken glauben, dass Gott die Menschen aus Liebe erschaffen hat, ihr Glück auf dieser Welt will, nicht erst im Himmel. Grundlage echten Glücks ist die Liebe. Sie, die wir in den zwischenmenschlichen Beziehungen erfahren können und geben, unterscheidet sich nicht grundsätzlich von der Liebe zwischen Gott und Mensch. Wie die menschliche Liebe wächst und sich entwickelt, so auch unsere Beziehung zu Gott, jetzt, in diesem Leben. Diese sich entwickelnde Liebe zu Gott und das Bewusstsein, von Gott geliebt zu werden, empfindet der Katholik als eine große Freude, nicht als Belastung.

Platz für Verbesserung **Religiöse Menschen scheinen auch nicht besser zu sein als andere, also warum sich mit Religion abmühen?** Religion ist nicht zuerst etwas, das Menschen verbessert. Es geht in erster Linie um Gott: seine Liebe, seine Kreativität, seine Güte und seine Geschenke. Religion bedeutet, die Existenz Gottes zuzugeben, zu danken und ihn zu verehren. Religiöse Menschen beanspruchen für sich nicht, besser als andere zu sein. Man könnte aber sagen, sie sind besser, als sie ohne Religion wären. Die Welt ist ein besserer Ort, weil es religiöse Menschen gibt, die nach Gottes Lehren leben. So waren zum Beispiel die meisten sozialen Reformer auch religiös. Es gab aber auch Zeiten, zu denen Menschen die Religion als Entschuldigung für Feindschaft und Zerrissenheit benutzt haben, aber wir können Religion nicht für alles verantwortlich machen, was in ihrem Namen getan wurde.

In den Sternen **Ist Astrologie mit Religion vereinbar?** Viele Menschen schauen sich gern ihr Horoskop in der Zeitung an, aber sie kann niemals ein Ersatz für Religion sein. Astrologie versucht uns zu sagen, was vorherbestimmt und außerhalb unserer Kontrolle sei. Wir seien einfach programmiert durch das Datum und die Stunde unserer Geburt und die Position der Sterne. Religion basiert auf menschlichen Erfahrungen, auf einer sich verändernden und entwickelnden Welt und dem Leben der Menschen in Beziehung zu Gott. Ein religiöser Mensch kann mit Gottes Hilfe sein Leben formen und gestalten.

So fröhlich wie wir sind **Meine Freundin und ich werden heiraten, weil wir verrückt nacheinander sind. Warum sollen wir uns mit unseren Religionen belasten?** Wenn man verrückt nach jemandem ist, will man alles von ihm wissen: was er mag und was er nicht mag, was ihm wichtig ist. Der eigene religiöse Glaube und der des Partners sind Teil dessen, was jeden ausmacht. Er bietet einen Hintergrund für die vielen wichtigen Entscheidungen, die man im Leben fällen muss. Bevor man also jemanden heiratet ist es wichtig, den- oder diejenige so gut wie nur möglich zu kennen. Der Glaube kann so viele wichtige Aspekte des Ehelebens beeinflussen, dass es wichtig ist, beide Sichtweisen der Religion miteinander zu teilen, bevor man eine lebenslange Übereinkunft trifft.

Wissenschaft und Religion **Hat die Wissenschaft Religion nicht überflüssig gemacht?** Wissenschaft und Religion beschäftigen sich beide damit, die gleiche Realität zu erforschen, aber sie fragen unterschiedlich. Die Wissenschaft fragt »Was?« und die Religion »Warum?« Früher dachten die Menschen, wenn man lange genug nach dem »Was?« fragt, geht das »Warum?« von alleine weg. Sie dachten, die Wissenschaft sei einfach eine Sache des Messens und Beobachtens der materiellen Welt und es wäre nur eine Frage der Zeit, bis alles erklärt sei. Einsteins Relativitätstheorie zerschlug diese Sichtweise auf die Wissenschaft. Heutige Wissenschaftler sind bedeutend vorsichtiger mit den Behauptungen, die sie machen. Sie fragen sich auch, ob absolut objektive Erklärungen überhaupt möglich sind. Der dänische Physiker Niels Bohr sagte einmal: »Physik ist nicht der Versuch zu entdecken, wie die Natur ist, sondern der Versuch zu entdecken, was wir über die Natur sagen können.« Heute glaube viele Menschen, darunter auch Wissenschaftler, dass Religion und Wissenschaft näher zusammenrücken und einander nützlich sein können.

»Die schönste Erfahrung, die wir haben können, ist die geheimnisvolle. Sie ist die grundlegende Emotion, die an der Wiege wahrer Kunst und wahrer Wissenschaft steht..«

Albert Einstein

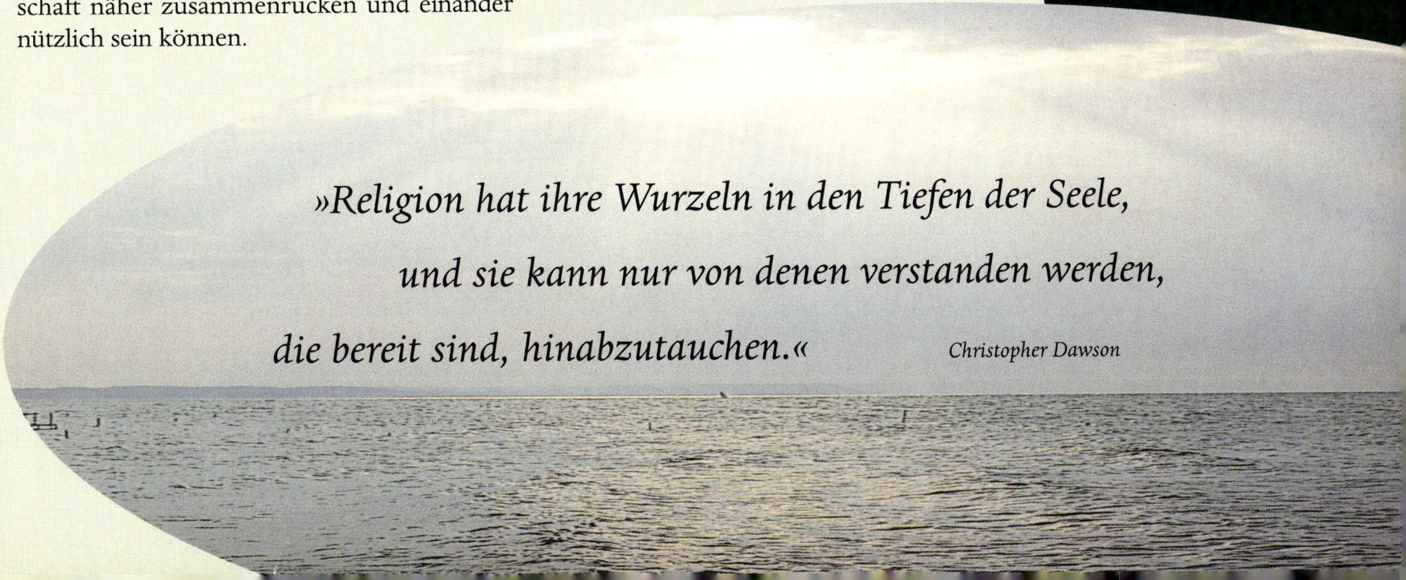

»Religion hat ihre Wurzeln in den Tiefen der Seele, und sie kann nur von denen verstanden werden, die bereit sind, hinabzutauchen.«

Christopher Dawson

2 Katholiken und Gott

Ich befürchte doch! Im letzten Kapitel sagten wir, dass wir von Unerklärlichem, von einem Mysterium, umgeben sind. Nun gibt es da ein Wort für das Unerklärbare und Unfassbare, welches der Ursprung aller Dinge ist. Dieses Wort heißt **Gott**. Unglücklicherweise sehen viele Menschen Gott nicht als unbegreiflichen Ursprung aller Dinge, sondern als super-mächtigen Mann im Himmel. Ungefähr so ...

oder so ...

oder so ...

oder so ...

oder so ...

oder so ...

Das Problem dieser Bilder ist, dass sie die Erfindungen von Menschen sind. Sie sind der Versuch, Gott nach dem eigenen Bild zu gestalten.

Nun ja, zum Teil deshalb, weil Menschen immer am liebsten alles klein und überschaubar haben wollen. Sie fühlen sich unwohl mit allem, was sie nicht erklären können, was nicht gewogen oder abgemessen werden kann.

Im letzten Abschnitt haben wir gesehen, wie das Geheimnis »Mensch« schon schwer zu beschreiben ist. Wieviel weiter liegt das Geheimnisvolle, das wir Gott nennen, außerhalb unseres Begreifens?

Die Menschen versuchen Gott zu beschreiben und begreiflich zu machen. Wenn sie das aber tun, so ergeben sich »Verzerrungen« und normalerweise reflektieren diese Verzerrungen ihre eigenen Ängste, Sorgen und Schuldgefühle.
Deshalb neigen ihre Bilder von Gott eher dazu streng und autoritär zu wirken.

Nun ja, wir können es nicht vermeiden über Gott zu sprechen. Aber wir sollten immer daran denken, dass unsere Worte niemals die Wirklichkeit Gottes einfangen können. Einige Möglichkeiten über Gott zu sprechen sind freilich weniger irreführend als andere. Aber auch die Beste ist nur wie ein Fingerzeig. Es ist nicht die Wirklichkeit.

Gute Frage, Madam. Katholiken (und andere Christen) glauben, dass Gott sich selbst allen Menschen bekannt gemacht hat.
Zuerst offenbarte er sich den Juden – und die Geschichte von Gott und den Juden wird im Alten Testament erzählt. Dort sehen wir ein Bild Gottes, der barmherzig, liebend und mitleidig ist. Er bleibt bei seinem auserwählten Volk, auch als sie sich von ihm abwenden.

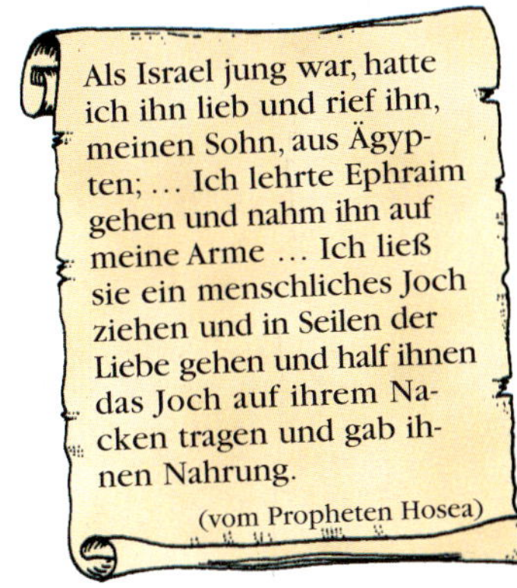
Als Israel jung war, hatte ich ihn lieb und rief ihn, meinen Sohn, aus Ägypten; … Ich lehrte Ephraim gehen und nahm ihn auf meine Arme … Ich ließ sie ein menschliches Joch ziehen und in Seilen der Liebe gehen und half ihnen das Joch auf ihrem Nacken tragen und gab ihnen Nahrung.

(vom Propheten Hosea)

Christen glauben, dass diese erhabenen Bilder eines liebenden Gottes sich auf ganz erstaunliche Art und Weise erfüllten. Gott hat sich uns nicht nur offenbart, sondern hat sich uns geschenkt in einem Menschen – Jesus Christus.

Jesus erzählt uns nicht nur von Gott; er zeigt uns Gott. Deshalb ist sein Leben so wichtig für die Katholiken und alle anderen Christen.

2 Katholiken und Gott

»Da gibt es einen natürlichen elementaren Heimatinstinkt, der uns dazu bringt, uns Gott zuzuwenden, so natürlich wie sich die Blume der Sonne zuwendet.«

Rufus Jones

Gott nachweisen **Es ist schön und gut über Gott zu reden. Aber woher weiß man überhaupt, dass er existiert? Welche Beweise gibt es?** Als Antwort werden wir Ihnen nur ein oder zwei Hinweise geben, was Menschen dazu bringt, an Gott zu glauben. Das erste ist ein Gefühl von Verwunderung. Denkt man über das Universum nach und seinen eigenen Platz darin, kann man sich des Gefühls nicht erwehren, dass die Existenz sehr sonderbar ist. Man ist hier, weiß aber eigentlich nicht wirklich, wie man her kam.

Zweitens. Überdenken wir unseren eigenen Platz in der Welt, so merken wir, dass wir nicht geheimen Kräften ausgeliefert, sondern frei sind, und diese Freiheit ist eine Herausforderung. Unsere Freiheit zu wählen endet oft in einem Kampf mit uns selbst. Denken wir über die Möglichkeit nach, zwischen gut und böse zu wählen, wird uns bewusst, das wir unsere Handlungen an einem Standard messen, der weit über das einfache menschliche Betrachten hinausgeht. Dies führt uns dazu, zu glauben, wir hätten ein Schicksal, welches mehr ist als lediglich menschlich.

Wir könnten hier ebenfalls die ständige Frage nach der Bedeutung des Lebens, nach Ihrem Hunger des Herzens oder Ihres Verlangens nach der Wahrheit stellen. Menschen scheinen einen eingebauten Instinkt dafür zu haben, dass da etwas oder jemand ist, der allein fähig ist, alle ihre tiefsten Sehnsüchte zu beantworten.

Keine dieser Aussagen ist dazu geeignet, als ein wasserdichter Beweis dafür, dass Gott existiert, zu gelten. Wir haben nur einige Ansatzpunkte genannt, welche die Menschen dazu bewegen, an Gott zu glauben.

Die sieben Tage der Schöpfung **Hat Gott die Welt wirklich in sieben Tagen erschaffen?** Die Bibel enthält eine ganze Reihe von verschiedenen Schreibstilen und literarischen Formen. Es gibt Legenden, Gedichte, Geschichten und Parabeln, nicht nur Augenzeugenberichte. Die Erschaffungsgeschichten im Buch Genesis sind dazu gedacht, die Nachricht zu verbreiten, dass das Wort von Gott kam. Die Details der Geschichte drücken dies aber auf sehr poetische Art und Weise aus. Sie sind nicht als historischer Bericht dessen, was wirklich geschah, gemeint.

Leidende Welt **Wenn Gott allmächtig und (immer-) liebend ist, warum erlaubt er Leiden in der Welt?** Dies ist der meistgenannte Einwand gegen den Glauben an Gott, und es gibt nicht einmal eine direkte Antwort darauf. Keiner hat bis jetzt eine voll befriedigende Antwort

gefunden. Alles, was wir hier tun können, ist einige Gedanken anzubieten, welche vielleicht in die Richtung einer Lösung gehen. Ein Anfangspunkt ist es, zu fragen: Was für eine Welt würde es sein, wenn alles Leiden total beseitigt wäre? Ganz klar wäre es eine total andere Welt. Als allererstes müsste die physikalische Umwelt ganz anders sein. Eine Welt, in der es zum Beispiel keine Erdbeben, keine Dürre, keine Überschwemmungen, keine Krankheiten geben könnte, müsste eine physikalisch andere Welt sein als die, in der wir leben. Moderne Wissenschaften legen nahe, dass das nicht möglich ist. So sind die Gesetze, die erst das Leben auf der Erde ermöglichen, die gleichen, an denen die Menschen auch leiden. Dazu kommt das Leid, welches sich die Menschen selbst und einander zufügen. Das zu ändern würde heißen, die Menschen zu ändern. Der freie Wille müsste ihnen genommen werden, denn für Menschen geht die Möglichkeit des Missbrauchs mit der Existenz des freien Willens einher. Wäre es eine bessere Welt, wenn wir keinen freien Willen hätten, sondern programmierte Automaten wären?
Leid scheint also die Konsequenz unseres eigenen Seins zu sein. Es wäre aber falsch zu denken, Gott ist gleichgültig gegenüber dem Leid, bzw. schlimm zu behaupten, er füge es uns vorsätzlich zu. Christen glauben, dass Gott sich in der Person Jesus Christus offenbart hat.
Und in Jesus Christus hat Gott sich selbst den Konsequenzen dieser Welt unterworfen, die er geschaffen hat, bis hin zum Tod Jesu am Kreuz. Er hat aber auch gezeigt, dass Leiden in Leben umgewandelt werden kann; dass das Böse von der Liebe überwunden wird. Dies kann nicht vollständig erklären, warum es Leid in der Welt gibt, aber vielleicht hilft es uns einen Eindruck von der Bedeutung des Leides zu bekommen: es ist nicht alles zwecklose Verschwendung.

Wunsch-Erfüllungs-Gott **Ist Gott nicht einfach eine menschliche Erfindung? Die Menschen wollen doch nur an ein übernatürliches Wesen glauben, welches sie vor der rauhen Wirklichkeit des Lebens beschützt.** Eine der größten Versuchungen religiöser Menschen ist es, dass sie dazu tendieren, sich einen Gott so zu erfinden, wie sie ihn gerne hätten. Das heißt jedoch nicht, dass der wahre Gott nicht existiert. Das ist ein Grund, warum Christen ständig ihr geistiges »Bild« von Gott im Lichte von Gottes Selbstoffenbarung in Jesus Christus überprüfen sollten. Gott ist kein komfortabler und kuscheliger Gott. Er ist ein Gott, der uns herausfordert, zu dem zu werden, zu dem er uns erschaffen hat.
Treue zu Gott, seinem Vater, brachte Jesus an das Kreuz, und er warnte seine Anhänger, dass der Weg des Glaubens das Gleiche für sie bedeuten könnte.

Katholiken und die Bibel

Was bedeutet die Bibel den Katholiken? Katholiken haben große Ehrfurcht vor der Bibel. Sie glauben, dass es Gottes Wort ist. Sie glauben, dass sie die Geschichte von Gottes Selbstoffenbarung ist. Jeden Sonntag, wenn Katholiken zur Messe gehen, hören sie zwei bis drei Lesungen aus der Schrift und sie werden ermuntert, die Bibel auch privat zu lesen.

Was ist die Bibel? Die Bibel ist nicht ein Buch, sie ist eine Sammlung von Büchern – geschrieben von verschiedenen Menschen in verschiedenen Stilen über eine lange Periode hinweg. Sie ist geteilt in zwei Hauptteile:
Das Alte Testament kommt zu uns durch das auserwählte Volk – die Juden. Geschrieben während einer Zeitperiode von ungefähr tausend Jahren, erzählt es von Gottes Offenbarung seiner selbst gegenüber den Israeliten.
Das Neue Testament ist eine Sammlung von Schriften, welche sich um die Person Jesu Christi drehen. Es erzählt von seinem Leben, seinem Tod und seiner Auferstehung und beschreibt das Wachstum der Gemeinde, die aus seinen ersten Anhängern heraus entstand.

Wer schrieb die Bibel? Die Bücher der Bibel stammen von vielen Autoren. Es ist nicht immer möglich, mit Sicherheit zu sagen, wer der Autor dieses ganz speziellen Buches war. Dies trifft ganz besonders in einigen Fällen von Büchern des Alten Testamentes zu. Wer auch immer die menschlichen Autoren waren, so glauben die Christen, dass Gott sie inspiriert hat, auf diese Art und Weise zu schreiben, so dass sie die Wahrheit übermitteln, von der Gott wollte, dass sie vermittelt wird. Das ist es, warum die Bibel als von Gott geschenkt angesehen wird.

Ist alles in der Bibel wahr? Die Bibel besteht aus vielen verschiedenen Arten von Schriften. Sie enthält Geschichten, Prophezeiungen, Gesetze, Poesie, Parabeln, Historie und andere Formen der Literatur. Liest man die Bibel, so ist es wichtig, zu beachten, um welche Art von Literatur es sich handelt. Offensichtlich sind Gedichte und Parabeln nicht so zu lesen, als währen sie Historie. Die Bibel ist wahr, aber die Wahrheit, die sie übermittelt, ist hauptsächlich religiöse Wahrheit.

3 Katholiken und Jesus Christus

Stellen sie sich vor, dass ein kleines grünes Männchen vom Mars mit seinem Raumschiff kommt.

Gut. Stellen sie sich vor, dass ein kleines pinkfarbenes Männchen vom Mars mit seinem Raumschiff kommt. Welche Art Fragen würden sie ihm stellen?

Schön. Nun bitten wir unseren kleinen Marsianer die Fragen zu beantworten.

Schade, er spricht kein Deutsch. Aber egal. Wenn er sich uns irgendwie verständlich machen könnte, so würde er uns einige Insiderinformationen über das Leben auf dem Mars geben, die wir auf keine andere Art hätten bekommen können, nicht wahr?

Schon in Ordnung. Was wir sagen wollten ist, dass einige Menschen Jesus für so eine Art Marsianer halten: sie denken, er kam aus einer anderen Welt (Himmel), um uns einige Insidertipps über Gott und das, was Gott möchte, zu geben.

Das ist nicht das, was Katholiken über Jesus denken. Versuchen wir zu erklären, was sie denken.
Katholiken glauben, dass Jesus Gott ist. Aber sie glauben auch, dass er ein echter Mensch ist. Er ist Gott und Mensch. Mit anderen Worten ist er kein göttlicher Besucher, der als Mensch verkleidet zur Erde kam.

Jesus ist ein wirklicher Mensch. Er wurde in diese Welt geboren. Er musste laufen, lesen und schreiben lernen. Er konnte auch nicht voraussehen, dass Kolumbus eines Tages Amerika entdecken würde und er wäre genauso erstaunt gewesen wie jeder andere in Palästina, wenn eine Concorde vorbeigeflogen wäre.

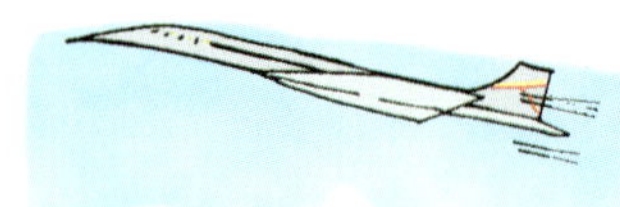

Also Jesus ist kein Alien und kein Besucher mit Informationen aus einem höheren Reich, die er uns geben sollte. Er ist einer von uns. Und deswegen ist sein Leben so bedeutsam. In Jesus trafen sich Gott und Mensch. Jesus zeigte uns, dass Gott und die Menschheit füreinander gedacht sind.
Jesus zeigte uns Gott in der einzigen Art, die wir verstehen können – im menschlichen Leben. Er selbst mach-

te Gott für uns gegenwärtig. Es ist, als wenn Gott sagen würde:

Was sagt uns das Leben Jesu noch über Gott? In den Evangelien lesen wir: Jesus vergibt Sündern; er heilt die Kranken; er ist mildtätig; er ist geduldig; er macht Menschen wieder lebendig; und schließlich gibt er aus Liebe sein eigenes Leben dahin.

Also ist der Gott, den Jesus uns zeigt, ein vergebender Gott, ein barmherziger Gott, ein Gott, der Kranke heilt, ein geduldiger Gott, ein lebenspendender Gott und vor allem ein liebender Gott. Wenn wir an Jesus glauben, so können wir Gott nicht länger für einen autoritären fernen Gott im Himmel halten.
Jesus zeigt uns einen anderen Gott. Sein Wort für Gott ist »Vater«. Und seine Beziehung zu Gott ist warmherzig, familiär und liebend. Sogar so sehr, dass Jesus sagen kann …

Dies verändert nicht nur unser Bild von Gott, es verändert auch unser Bild von uns selbst. Wir sind keine Sklaven eines mächtigen und rücksichtslosen Königs. Wir sind Kinder eines liebenden Gottes, den wir, wie Jesus es uns sagt, Vater nennen sollen.

Und was bedeutet es, ein Kind Gottes zu sein?
Das Leben Jesu beantwortet schon diese Frage. Es zeigt uns jemanden, der in perfekter Übereinstimmung mit Gott lebt. Er ist nicht furchtsam oder ängstlich. Seine Beziehung zu Gott ist eine reife Beziehung. Jesus weiß, wer er ist, und er begegnet den Anforderungen, die sein Leben an ihn stellt, ohne zu zagen. Er ist der Botschaft, die er verkündet, treu. Kurz gesagt, er ist das perfekte Abbild eines echten Menschen.
Also zeigt uns Jesus zwei Dinge:

Demnach wollte uns Jesus nicht zuerst sagen, was wir tun sollen, sondern wer wir sind. Und seine Aufgabe war nicht uns religiös zu machen …

… er sollte uns lebendiger machen!

3 Katholiken und Jesus Christus

Fakten über Jesus **Was sind die historischen Fakten über Jesu' Existenz?** Unabhängig von den Evangelien gibt es römische und jüdische Aufzeichnungen, die Jesu Aktivitäten und die seiner Jünger dokumentieren. Zwei römische Schriftsteller – Plinius (er schrieb etwas 112 u. Z.) und Tacitus (55–120) – erwähnten die Christen und bezeichneten sie als Störenfriede.

Der jüdische Historiker Josephus schrieb sehr ausführlich über Jesus Christus, den er den »Wunderwirkenden« nannte. Er beschrieb sein Leben, seinen Tod und die »ehrfürchtig inspirierenden Zeichen«, die der Kreuzigung folgten. Josephus wurde als Jude geboren und arbeitete viele Jahre für die Römer als Politiker, Soldat und Historiker. Er hatte keine Verbindung zur Christenheit. Seine Identität und seine Aufzeichnungen sind absolut authentisch.

Mann von gestern **Wie kann man jemandem nachfolgen, der vor 2000 Jahren starb?** Christen sehen Jesus nicht als toten großen Menschen an – so wie beispielsweise Julius Cäsar oder Napoleon. Sie glauben, dass Jesus nach seinem Tod am Kreuz durch Gott, seinen Vater, wieder von den Toten erstand. Es ist also nicht richtig zu sagen, dass Christen jemandem folgen, der vor 2000 Jahren starb. Sie glauben, dass Jesus auch heute noch lebt und durch seinen Geist einen Einfluss auf das Leben seine Anhänger hat. Während der letzten 2000 Jahre haben Millionen von Menschen die lebendige Gegenwart Christi erfahren und sie haben gespürt, dass er ihrem Leben einen tieferen Sinn und ein Ziel gibt.

Auferstehung **Wie kann jemand glauben, dass Jesus Christus wieder lebendig wurde, nachdem er am Kreuz gestorben ist?** Genau genommen glauben Christen nicht, dass Jesus wieder lebendig wurde. Sie glauben, dass Gott, sein Vater, ihn zu einer neuen Art Leben erhob – ein ewiges Leben, dem der Tod nichts mehr anhaben kann. Wenn er bloß wieder »lebendig« geworden wäre, so wäre er dem Tod immer noch unterlegen, denn der Tod ist ein unvermeidlicher Teil dieses Lebens. Aber Christen glauben, dass der auferstandene Körper Christi nicht mehr sterben kann. Er hat den Tod besiegt. Deswegen sagen die Christen auch, dass Jesus heute noch lebt.

Der Grund ihres Glaubens an die Auferstehung liegt in den Zeugnissen der ersten Jünger Jesu. Sie sahen ihn nach seiner Auferstehung und aßen und tranken mit ihm. Diese Erfahrung änderte sie. Sie wurden seine Zeugen – sie verkündeten, dass Jesus, der gekreuzigt wurde, vom Tod erstanden ist. Viele dieser ersten Zeugen wurden wegen ihres Glaubens ermordet.

Die Auferstehung Jesu ist ein einmaliges Vorkommnis. Wir können nicht sagen, wie es passiert ist. Genauso wenig können wir es wissenschaftlich beweisen. Wir können nur sagen, dass es passiert ist. Seit 2000 Jahren verkünden die Christen ihren Glauben an die Auferstehung Jesu, denn sie erfahren seine bleibende Gegenwart in ihrem Leben.

»Ich glaube, dass niemand lieblicher, tiefgründiger, sympathischer und perfekter als Jesus ist. Ich sage zu mir selbst, dass es nicht nur niemanden wie ihn gibt, sondern auch nie geben wird.«

Fjodor Dostojewski

Zu viele Kirchen **Wenn die Christen die Nachfolger Christi sind, warum sind sie dann in so viele Kirchen gespalten? Sollten sie nicht alle zu einer Kirche gehören?** Die größten Spaltungen der Kirche geschahen im 11. Jahrhundert (Trennung in Ost- und Westkirche) und in der Reformation des 16. Jahrhunderts, in welcher sich die Protestanten (evangelische Kirche) von der katholischen Kirche abtrennten. Sowohl verschiedene Auffassungen in Glaubensfragen als auch Politik und Vorurteile spielten dabei eine Rolle.

Einig sind sich heute die meisten Christen, dass diese Spaltungen der einen Kirche ein Skandal sind und dem Gebot Christi widersprechen. In vielen Bemühungen versuchen sie, die Trennung zu überwinden: Gespräche über Glaubenswahrheiten und kirchliche Ordnung, gemeinsame – ökumenische – Gottesdienste, gemeinsame caritative und andere Aktionen. So konnte in den letzten Jahrzehten einiges an Gemeinsamkeit erreicht werden, doch Misstrauen und Missverständnisse sowie das Auseinanderleben durch Jahrhunderte können nur langsam und schrittweise abgebaut werden. Die Christen erfahren jeden kleinen Erfolg auf dem Weg zur Einheit als ein Geschenk Gottes und erbitten dieses Geschenk von Gott, z. B. in der jährlichen Gebetswoche für die Einheit der Christen vom 18. bis 25. Januar.

»Wenn ich die Evangelien lese, so denke ich mehr und mehr, dass die Menschen im Vergleich zu Jesus nur halb lebendig sind. Christus ist selbst das Leben, das an die Särge klopft, in denen unsere Seelen liegen.«

Sebastian Moore

Maria, die Mutter Jesu **Beten Katholiken Maria an?** Die Verehrung Mariens durch die Katholiken wird oft missverstanden. Katholiken beten Maria nicht an. Anbetung gebührt allein Gott. Katholiken ehren und lieben jedoch Maria als die Mutter Jesu und somit als Gottesmutter. Alle Auszeichnungen, die der Mensch Maria empfing, ist Gnade Gottes, die sie nicht überwältigte und bezwang, sondern ihre freie Antwort auf Gottes Ruf voraussetzte: »Siehe, ich bin die Magd des Herrn, mir geschehe, wie du es gesagt hast.« (Lk 1,38), antwortete sie dem Engel Gottes. Dieses liebende, hochherzige und gläubige Ja hält Maria in allen Anfechtungen und Schwierigkeiten, bis unter das Kreuz ihres Sohnes Jesus, aufrecht. Daher verehren sie Katholiken als Mutter des Glaubens, als menschliche Gehilfin Jesu bei seiner Erlösung der Menschheit und als ihre geistige Mutter. Sie lieben Maria und beten zu ihr, beten sie aber nicht an.

Leben nach dem Tod **Als der Ehemann meiner Tante starb, stellte sie Kontakt zu ihm durch ein Medium her. Ist dies ein Beweis für ein Leben nach dem Tod?** In spiritistischen Sitzungen verkünden angeblich Geister oder Verstorbene gewisse Botschaften. Sie äußern sich in den »Séancen« durch Bewegung von Gegenständen (Tischrücken), Klopfgeräusche, Stimmen u. a. m. Die Parapsychologie bietet verschiedene Erklärungen: die spiritistische: jenseitige Geister äußern sich; die animistische: Vorgänge im Unbewussten des Menschen stehen dahinter; die skeptische: Selbsttäuschung oder Betrug sind im Spiel. Für Christen ist der Glaube an Jesus Christus und seine Auferstehung die einzige Grundlage für ihre Überzeugung von einem Leben nach dem Tod.

4 Katholiken und Sünde

Wie bitte?

Das wollen wir mal genauer untersuchen. Welchen dieser Abzweige würdest du nehmen, um den meisten Spaß zu haben?

Nun?

Genau. Und das ist einer der wichtigsten Aspekte der Sünde, so wie Katholiken sie sehen. Sie ist schlecht für die Menschen.

Das ist das Gleiche, nur anders ausgedrückt. Erinnern wir uns. Gott ist auf unserer Seite. So sind auch seine Gebote zu unserem Besten – um uns davor zu bewahren, in Schwierigkeiten zu kommen. Sieh dir einfach mal ein paar von ihnen an:

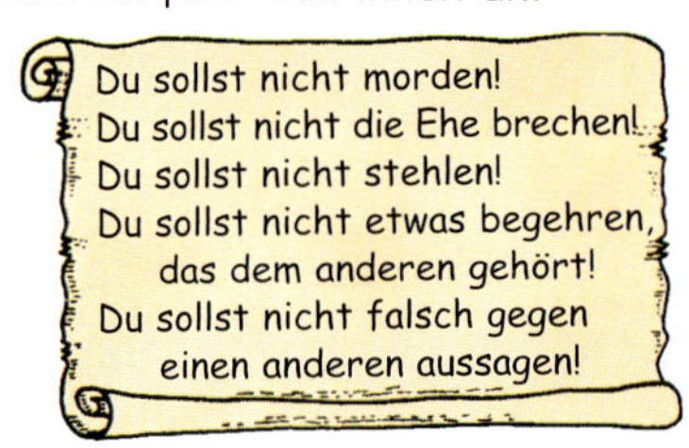

Gebote wie diese schränken unsere Freiheit nicht ein. Sie stehen wie ein »Einfahrt verboten« – Schild vor der Straße, die in das Elend führt.

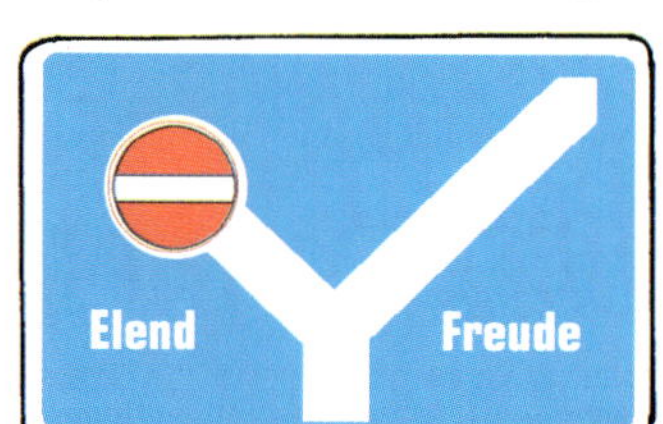

Mit anderen Worten sind die Gebote unseretwegen gemacht worden und nicht wir wegen der Gebote.

Ganz sicher nicht.

Gute Frage. Und nicht gerade einfach zu beantworten. Genau genommen ist es unmöglich sie richtig zu beantworten. Aber hier ist ein Versuch: Hast du jemals einen Hund in einem Dilemma gesehen?

Genau.
Auf der anderen Seite sind Menschen ständig mit Entscheidungen konfrontiert.

Aber die Entscheidungen, die wir treffen, haben nicht nur triviale Gründe. Wir sind auch frei zu entscheiden, wie wir unser Leben leben möchten …

Solche Entscheidungen sind nicht einfach zu treffen. Unser zukünftiges Glück kann davon abhängen. Und so tendieren wir dazu, uns für das zu entscheiden, von dem wir denken, dass es uns glücklich macht. Aber wir sind darin nicht immer gut. In einer Geschichte dachte König Midas, dass es ihn glücklich machen würde, wenn alles, was er berührt, zu Gold würde. Dann küsste er seine Tochter, und …

Wir haben alle so einen kleinen König Midas in uns. Wir würden uns unsere sehnlichsten Wünsche gerne erfüllen. Und manchmal macht uns das blind für die Folgen. Manchmal können wir sogar genau sehen, dass eine einzige Entscheidung schlechte Konsequenzen haben wird – für uns selbst und andere. Und trotzdem machen wir weiter.

Entscheidungen dieser Art kann man nicht erklären. Sie sind das Resultat einer Laune der Natur, die wir alle kennen, die wir aber nicht loswerden können. Um es mit christlichen Worten zu sagen: Wir müssen mit der »gefallenen« menschlichen Natur leben.

Nicht, wenn es dich stört. Alles was wir zeigen wollen ist, das Menschen mit einem inneren Konflikt leben müssen. Wir sind innerlich gespalten.
Wir wissen nicht, warum wir so sind, aber wir wissen, dass wir nun mal so sind. Wir können immer noch den linken Abzweig nehmen, obwohl wir wissen, dass diese Straße nirgendwohin führt. Und oft genug tun wir das auch …

Sünde trennt uns von den Menschen, die wir lieben, denn wir können nicht mit ihnen eins sein, wenn wir ihnen immer wieder weh tun oder sie benutzen.

Sünde trennt uns von uns selbst, denn sie zerstört unseren Selbstrespekt.
Sünde trennt uns vom Leben, denn sie macht uns einsam und selbstkonzentriert.
Sünde trennt uns von Gott, denn er möchte das Beste für uns und wir wählen das Schlechteste.

Es gibt kein menschliches Mittel gegen die Sünde. Aber es gibt ein göttliches Mittel. Es ist die Antwort, die Jesus denen gab, die ihre Sünden bereuten.

Gottes Wille zur Vergebung ist das einzige Mittel gegen die Sünde. Wo Sünde trennt, da vereint die Vergebung wieder. Vergebung bringt dem Sünder wieder Hoffnung, sie baut seine Würde wieder auf. Vergebung ermöglicht es ihm wieder frei zu leben – ohne Angst und Schuld.

Nun, Gott ist bereit, dir zu vergeben. Wieder … und wieder … und wieder …

4 Katholiken und Sünde

»Die größte Sehnsucht des Menschen ist, seine Abgeschiedenheit zu überwinden und sein Gefängnis der Einsamkeit zu verlassen.«

Erich Fromm

Niemand verletzt **Wie kann etwas, das keinen verletzt, Sünde sein?** Es ist nicht möglich zu sündigen, ohne jemanden zu verletzen, selbst wenn der jemand Sie selbst sind. Umweltverschmutzung ist zum Beispiel oft das Resultat von Aktivitäten, die man für harmlos hielt. Mit der Sünde ist es ähnlich. Sie deformiert, verbiegt und vergiftet das Gute. Deswegen beschädigt die Sünde, auch wenn niemand anders daran beteiligt ist, Ihre eigene Güte und Ganzheit.

Nicht nur schlecht **Wie kann man sagen, dass jemand wirklich böse ist? Sicherlich sind doch die meisten Menschen eine Mischung aus Gut und Böse?** Niemand ist so schlecht, dass es nicht noch eine Möglichkeit gibt, das Leben zu ändern. Die meisten Menschen sind tatsächlich eine Mischung aus Gut und Böse. Wir wissen, dass wir innerlich zerrissen sind. Wir wollen das tun, was gut und richtig ist, verletzen dabei aber oft genug uns selbst oder andere. Es gibt nicht immer solch eine klare Trennung zwischen dem rechten Abzweig und dem linken Abzweig wie in der Illustration auf Seite 14. Manchmal sind wir auf der einen, manchmal auf der anderen Straße und manchmal scheinen wir auch auf beiden unterwegs zu sein.

Christen versuchen meist die rechte Straße zu nehmen, aber sie wissen auch alle, dass sie oft Umwege über die linke Straße nehmen. Wenn sie das tun, so sollten sie sich zu allererst darüber klar werden, dass sie in die falsche Richtung fahren, und dann sollten sie versuchen, so schnell wie möglich zurück auf die richtige Straße zu kommen. Das ist mit dem Wort »Reue« gemeint: mit Gottes Hilfe zurück auf den rechten Weg zu kommen. Wir müssen versuchen, dies unser ganzes Leben lang zu tun.

Mach, was du willst **Christen sagen, dass uns Gott immer unsere Sünden vergibt. Aber macht dies Sünde nicht bedeutungslos? Wenn er immer vergibt, kann man doch machen, was man will?** Denken wir an einen Teenager, der harte Drogen nimmt. Die Eltern sind sehr ärgerlich, dass er selbst zugelassen hat, in diese Situation zu kommen. Sie werden seine Aktionen nicht billigen und versuchen, ihn davon abzuhalten, Drogen zu nehmen. Sie werden sich auch um die Schäden sorgen, die er sich selbst zufügt. Aber sie werden ihn trotzdem weiter lieben und alle Hilfe geben, die sie können.

Die Liebe, Hilfe und Vergebung der Eltern bedeutet nicht, dass der Drogenkonsum egal ist, im Gegenteil. Sünde ist ein bisschen wie Drogenabhängigkeit. Sie ist auch selbstzerstörerisch. Wenn Gott uns unsere Sünden vergibt und auch weiterhin vergibt, so benimmt er sich eher wie die Eltern des Drogensüchtigen – nur mit unendlich größerer

Liebe, Geduld und mit größerem Mitleid. Er sagt: »Bitte zerstöre dich nicht selbst. Lass mich dich zurück zur Ganzheit lieben.«

Beichte bei einem Priester **Warum müssen Katholiken ihre Sünden einem Priester beichten, nicht Gott direkt?** Katholiken können ihre Sünden Gott direkt beichten und häufig tun sie das auch. Sie sollen täglich ihr Gewissen untersuchen und die Sünden, die sie begangen haben, bereuen.
Sie müssen nur zu einem Priester beichten gehen, wenn sie eine ernsthafte Sünde begangen haben, mit der sie sich absichtlich von Gott entfernten. Trotzdem gehen viele Katholiken regelmäßig zur Beichte, auch wenn sie keine solch ernsten Sünden zu beichten haben. Für eine Beichte bei einem Priester gibt es drei Hauptgründe:
Erstens: Jesus gab seinen Aposteln die Kraft, Sünden zu vergeben und die Katholiken glauben, dass diese Kraft an die Bischöfe und Priester weitergegeben wurde. Dies stimmt mit der Art Gottes mit uns zu kommunizieren überein – durch sichtbare Zeichen. Wir sind Menschen aus Fleisch und Blut, und wir kommunizieren auf eine physische Art. Durch den Priester lässt uns Gott hören, dass uns unsere Sünden vergeben sind. (Siehe auch Kapitel 7)
Zweitens: Beichte vereint uns nicht nur wieder mit Gott, sie vereint uns auch wieder mit der Kirche. Sünde schadet der ganzen Gemeinschaft der Gläubigen. So wie ein Streit von zwei Menschen auf einer Party der ganzen Feier einen Dämpfer verpasst, so ist auch die Sünde eines Mitglieds des Körpers von Christus, der Kirche, ein Rückschlag für die ganze Gemeinschaft. Die Beichte bei einem Priester drückt unsere Sorge und unser Verlangen aus, mit den anderen Christen wieder vereint zu sein.
Drittens: der Priester ist oft in der Lage, dem Büßer Hilfe und Rat in dessen ganz persönlichen Umständen zu geben.

Sünde im Kopf **Wie ist die Haltung der Kirche zur Sünde?** Die katholische Kirche hat eine realistische Einstellung zur Sünde. Und das gilt auch für die meisten Katholiken. Katholiken wissen, dass ein tendenzieller Hang zur Sünde ein unvermeidlicher Teil des menschlichen Daseins ist. Niemand kann von sich behaupten, immer nur das zu tun, was gut und richtig ist. Wir sind uns alle bewusst, dass wir uns manchmal auf Wegen befinden, die uns selber nicht gefallen. So fügen wir zum Beispiel anderen Schmerzen zu oder benehmen uns gemein, selbstsüchtig oder grausam.
Katholiken haben erkannt, dass sie in ihrer Sünde genau wie der Rest der Menschheit sind. Sie wissen, dass sie in der Kirche die einzige Antwort auf die Sünde erhalten können: die Vergebung von Christus.

Sünde und Sex **Warum ist die Kirche so mit sexuellen Sünden beschäftigt?** Die Kirche beschäftigt sich mit sexuellen Sünden nicht mehr als mit anderen Sünden auch. Alle Sünden sind destruktiv und verletzen uns selbst und andere. Unsere Sexualität ist so eng mit unsren tiefsten seelischen und psychologischen Bedürfnissen verbunden, dass ihr Missbrauch oder ihre Ausnutzung besonders verletzend sein kann. Unsere Sexualität ist aber auch eine der größten Kräfte in uns und so sind wir dort teilweise sehr verwundbar. Durch Sexualität können wir uns gegenseitig bereichern, bestätigen und stärken; wir können uns aber auch durch ihren Missbrauch gegenseitig zerstören. So sieht die Kirche die Geschlechtlichkeit als eines der kostbarsten Geschenke Gottes. Sie möchte von uns, dass wir dieses Geschenk nicht verschleudern.

5 Katholiken und Erlösung

Dies ist die Geschichte von Fred. Fred war ein ruhiger und zuvorkommender Mensch mit einer netten Frau namens Sue und zwei lieblichen Kindern.

Aber Fred war nie sehr selbstsicher. Was es noch schlimmer machte, war, dass alle seine Freunde richtige Überflieger waren – mit besseren Jobs, besseren Autos und besseren Häusern. Er fühlte sich wie ein Versager. Eines Tages traf Fred jemanden, der ihm eine neue Stellung anbot.

Fred mochte es ein Spitzenverdiener zu werden. Er nahm das Angebot an. Fred wollte unbedingt in seiner neuen Stellung erfolgreich sein, also strengte er sich besonders an.
Er arbeitete hart, stellte sich gut mit seinem Chef, blieb länger im Büro. Er nahm auch Arbeit für das Wochenende mit nach Hause …

Sue und die Kinder sahen immer weniger von ihm …

Aber wenn Sue ihn darauf ansprach, sagte er:

Also strengte er sich weiter an, wurde befördert. Das bedeutete, dass er noch mehr Arbeit hatte. Also arbeitete er noch härter und seine Familie sah noch weniger von ihm. Und zu Sue sagte er:

So zogen sie in ein größeres Haus um. Und sie kauften ein größeres Auto, welches besser zu Freds Status passte. Und ein Boot kauften sie auch. Aber wenn die Kinder fragten:

sagte Fred immer, dass er keine Zeit habe und noch viel erledigen müsse. So fuhren sie niemals mit dem Boot segeln. Aber es stand in der Einfahrt und jeder konnte es sehen.
Aber allmählich forderten die langen Arbeitsstunden ihren Zoll. Er wurde reizbar und griesgrämig. Wenn Sue sich beschwerte, sagte Fred:

Und bald waren sie alle sehr unglücklich – besonders Fred. Allein der Gedanke, jemand zu sein, lies ihn weitermachen. Und obwohl er sich ganz furchtbar fühlte und obwohl seine Frau und die Kinder sich kaum noch trauten, mit ihm zu sprechen, machte er weiter. Und eines Tages geschahen zwei Dinge: Sue und die Kinder gingen fort …

und Fred brach wegen eines Magengeschwürs zusammen. In seinem Krankenhausbett hatte er Zeit zum Nachdenken – zum ersten Mal seit Jahren. Und er dachte:

Aber er hatte Sue und die Kinder nicht verloren. Als sie hörten, dass er ins Krankenhaus gebracht wurde, kamen sie so schnell wie möglich zu ihm. Fred sagte ihnen, er wollte **jemand** werden, nun aber sei er niemand.
Da sagte Sue ganz ruhig zu ihm:

Das waren gute Neuigkeiten für Fred.

Und in diesem Moment machte Freds Vision von sich selbst als Top-Manager…

Als er aus dem Krankenhaus entlassen wurde, kündigte er und nahm einen bedeutend ruhigeren Job an. Das war nicht sehr einfach, denn er verdiente nun viel weniger. Es bedeutete auch, dass sie in eine kleinere Wohnung ziehen und das Auto und das Boot verkaufen mussten. Doch bevor er das Boot verkaufte, machte er mit Sue und den Kindern eine Segeltour damit

ENDE

Christen haben ein Wort für das, was mit Fred passiert ist: sie nennen das »Erlösung«. Erlöst zu sein heißt ein Ganzes und ehrlich zu sich selbst zu sein.

Freds Geschichte ist die Geschichte von vielen, nicht im Detail, aber in dem, was sich offenbart. Nur sehr wenige Menschen sind schon ein Ganzes. Die meisten haben irgendwo einen wunden Punkt.

Fast jeder kennt Furcht, Ängste, die uns davon abhalten, frei zu leben und ganz wir selbst zu sein. Und so wie Fred versuchen viele Menschen damit klar zu kommen, indem sie sich ein Ersatz-Ich schaffen. Vieles hilft dabei: Alkohol, Drogen, Sex, Spiele, Reichtum, harte Arbeit, Politik, Religion …
Es ist eine schmerzliche Erfahrung sich einzugestehen, dass man vielleicht schon vor Jahren in eine Sackgasse geraten ist. Aber es ist schon der erste Schritt auf dem Weg der Besserung.

Der zweite Schritt ist zu bemerken, dass man so akzeptiert wird, wie man ist. Fred merkte, dass Sue ihn für das, was er ist, liebt und nicht für das, was er erreicht. Durch Sue´s Akzeptanz lernte er seine eigenen Grenzen zu akzeptieren. Zum ersten Mal konnte er ohne Furcht leben. Er wurde ein neuer Mensch.

Christen erkennen in all dem ein Muster – ein Muster von Sterben und Wiedergeburt. Und sie haben das von Jesus gelernt. Jesus war der aufrichtige und vollkommene Mensch. Er brachte diese Lebensfülle den Menschen, denen er begegnete. Durch seine Liebe und Freundschaft richtete er gebrochene Menschen wieder auf. Er machte sie wieder zu Lebenden.

Aber dafür musste er einen hohen Preis zahlen. Der aufrichtige Mann stand als Herausforderer gegen die Frommen, die Engstirnigen, die Wächter der herrschenden Religiosität. Sie haben ihn getötet.

Aber sein Tod war nicht Versagen, sondern Erfüllung; nicht Ende, sondern Anfang. Jesus zerbrach die Ketten des Todes und stieg zu einem neuen Leben auf – einem Leben, dem der Tod nichts mehr anhaben konnte. Er lebt jetzt dieses Leben und er bietet es der Welt – bietet es uns an.
Aber wodurch verdienen wir das?
Durch nichts. Gott in seiner Liebe bietet es uns an, will es uns schenken. Nur zustimmen müssen wir und sein Geschenk annehmen. Gott zwingt es keinem auf.
Sehr oft ist der Vertreter eines neuen Lebens eine andere Person. Deren Liebe erlöst uns und gibt uns neue Hoffnung. Bei Fred war es Sue.
So wirkt die erlösende Liebe von Jesus Christus in unserer Welt.

5 Katholiken und Erlösung

Was passiert, wenn Katholiken zur Beichte gehen? Das Sakrament der Buße, so die richtige Bezeichnung für »Beichte«, ist das Angebot der Versöhnung Gottes vor allem bei schwerer Schuld. Im Auftrag der Kirche nimmt der Priester das Schuldbekenntnis des Sünders entgegen und erteilt ihm die Lossprechung im Namen Gottes. Das heißt: Wer sich von Gott und der Gemeinschaft der Glaubenden getrennt hat, findet in diesem Sakrament durch den Dienst der Kirche Versöhnung mit Gott und mit den Mitchristen. Auch wer keine schweren Sünden zu beichten hat, empfängt das Sakrament der Buße sinnvoll. Er bekennt sich dadurch bewusst zur Gemeinschaft der Sünde. Die Beichte hilft ihm, Klarheit über sich selbst zu gewinnen und einen neuen Anlauf zur Besserung zu nehmen.

Nach der Gewissenserforschung erfolgt »Die Feier der Versöhnung für einzelne« in folgender Form:

– Auf den Gruß und das Kreuzzeichen des Beichtenden antwortet der Priester mit einem kurzen Gebet.

– Der Büßende bekennt dem Priester, der durch das Beichtgeheimnis zu absoluter Verschwiegenheit verpflichtet ist, seine Sünden. Er nennt dabei wenigstens alle schweren Sünden, deren er sich im Moment bewusst ist.

– Der Priester ermahnt den Büßenden in kurzen Worten oder in einem Beichtgespräch, gibt ihm ein Bußwerk als Zeichen der Reue für seine Sünden auf – ein Gebet oder ein Werk der Frömmigkeit oder Nächstenliebe – und erteilt ihm die Lossprechung.

– Mit einem kurzen Entlassungswort endet die Beicht. Ihr sollte ein Dankgebet des Büßers und gegebenenfalls die Verrichtung des zur Buße aufgegebenen Gebetes folgen.

Hilf Dir selbst **Warum muss jeder erlöst werden?** Der einzige Weg zur Besserung ist doch Selbstdisziplin.

Wenn man Zweifel am Mangel an Erlösung in der Gesellschaft hat, braucht man nur auf die Titelseite der Zeitungen oder die Abendnachrichten zu schauen. Ein Moment des Nachdenkens wird überzeugen, dass wir in einer verwundeten Welt leben; einer Welt, in der die Menschen gegeneinander stehen und in Gier und Selbstsucht gut zu gedeihen scheinen. Das Ernüchternde an all dem Leid um uns herum ist, dass es den Anschein hat, als könnten wir als einzelne Menschen kaum etwas dagegen ausrichten.

Aber dieses Übel ist nicht nur um uns herum. Wenn wir ehrlich sind, entdecken wir den Keim des Bösen in uns selbst. Wir sind mit uns selbst uneins. Wir möchten das Gute; wir streben danach Menschen zu sein, die ihre Lebensfülle in Liebe, Sorge und Dienst zeigen. Doch wir wissen auch alle, wie oft wir daran scheitern. Dann lähmt uns die Angst und wir gehen unseren eigenen Interessen nach. Auch wir sind von dem betroffen, was die ganze Menschheit beeinflusst – und egal wie sehr wie wir uns auch mühen, wie selbstdiszipliniert wir sind – wir können diesen inneren Konflikt nicht besiegen.

Solange die Welt besteht, wuchern Schuld und Unrecht weiter. Der Glaube der Kirche spricht deshalb von der »Erbschuld«, die auf der ganzen Menschheit liegt. Das eigene Verhalten, für das jeder selbst Verantwortung trägt, ist von dieser Schuld mit geprägt.

Es gibt viele Erklärungsversuche für diese heillose Situation. Der biblische Schöpfungsbericht beschreibt den Grund so: Der Mensch – Adam – sündigt gegen Gott. Der Fluch dieser Tat liegt auf seiner ganzen Nachkommenschaft (Genesis Kap. 3). Noch deutlicher sagt es das Neue Testament: Jeder Mensch wird hineingeboren in eine von der Sünde gezeichnete Welt. Alle sind Erben der Sünde (vgl. Röm 5,12).

Erlöser **Jesus Christus hat uns erlöst. Warum?** Die Macht der Sünde ist groß. Wie groß sie ist, erkennt der Glaubende an dem, der ohne Schuld ist, an Jesus Christus. Er ist das Gegenbild Adams. An ihm wird deutlich, wie sehr den Menschen das fehlt, was die Kirche die heiligmachende Gnade nennt. Es wird deutlich, was es für den Menschen bedeutet, durch Jesus Christus aus der Macht des Bösen herausgerissen zu sein. Er hat sich der Macht der Sünde gestellt und wurde von ihr zugrunde

gerichtet. Doch Gottes Macht hat sich als stärker erwiesen. Gott hat Christus nicht dem Tod überlassen, er hat ihn dem Tod entrissen.
Jetzt wird klar: Nicht das Böse trägt den Sieg davon, sondern Gottes Liebe. Durch Jesus Christus haben die Menschen Versöhnung oder Erlösung empfangen. Sie sind aus der Macht der Sünde befreit. Gott schenkt ihnen durch Christus ewiges Leben.
Das bringt Licht in die heillose Situation. Nicht mehr die Verstrickung in die Sünde bestimmt das Schicksal der Menschen, sondern das von Gott geschenkte Heil. Deshalb kann Paulus im Römerbrief schreiben: »Wo die Sünde mächtig wurde, da ist die Gnade übergroß geworden« (Röm 5,20).
Die sich vom Geist Gottes führen lassen, sind Söhne Gottes, also auch Erben Gottes, dass heisst Miterben Jesu Christi (vgl. Röm 8,17). Sie sind nicht mehr Erben der Sünde.

Gibt es ein Leben nach dem Tod? Wissenschaftlich ist es nicht zu beweisen. Der Grund für den Glauben der Christen an ein zukünftiges Leben ist allein Jesus Christus. Christen glauben, dass die Ganzheit des Lebens, welche Christus in die Welt bringen wollte, nicht in den engen Schranken dieser Welt verwirklicht werden kann. So wie Jesus sind auch sie bestimmt, die Ketten des Todes zu zerreißen und mit Gott in enger Gemeinschaft für immer zu leben. Aber dies ist keinem Menschen aufgedrängt. Es steht jedem frei, sich von Gott abzuwenden und ein Leben ohne ihn zu wählen.

Wie der Mensch sich nun entschieden hat, wird im letzten Gericht festgestellt. Manchen mag die Vorstellung eines solchen Gerichtes ängstigen, andere wird sie trösten: Gott schafft Recht, wo Unrecht herrscht: Recht den Armen, den Kleinen, den Ungewollten, den Zu-kurz-Gekommenen. Diese Ordnung ist aber nicht kalt und herzlos. Zwar werden die Menschen mit ihren Zukunftsplänen und ihren Urteilen nicht das letzte Wort haben. Doch Gott wird ihre unvollkommenen Bemühungen vollenden. In Jesus Christus wird er die Welt mit sich versöhnen.

Für den Einzelnen wird dies erfahrbar in seinem Tod (persönliches Gericht). Da aber jeder vielfältig mit dem Leben der anderen Menschen verflochten ist, wird er auch das volle Ausmaß der Vollendung schauen (Weltgericht, Jüngstes Gericht). So wird Gottes Gericht offenbar. Alles wird ins Licht gerückt. Wer sich Gott endgültig verschlossen hat, dem wird sein Gericht zur Hölle. Wer sich ihm nicht genügend geöffnet hat, wird sich unter Schmerzen läutern lassen (Läuterung, Fegefeuer). Wer sich ihm aber anvertraut hat, dem wird sein Gericht zur Seligkeit (Himmel).

Wo der Himmel anfängt, kommt man mit irdischen Zeit- und Raumvorstellungen nicht mehr zurecht. Da steht der Mensch vor dem unendlichen Gott. Alle werden ihm begegnen. Sie werden anerkennen, dass Gott nicht nur Recht schafft, sondern in Liebe vollendet, was unvollkommen ist. Niemand wird von seiner Liebe ausgeschlossen sein, wenn er es nicht selbst will.

6 Katholiken und Kirche

Fast alle Katholiken sind irgendwann in ihrem Leben von der katholischen Kirche mal enttäuscht.

Das passiert meist dann, wenn sie sich zu sehr auf Regeln und Gebote zu konzentrieren scheint.

Oder wenn es so scheint, als enge sie die Menschen in Ängste und Schuldgefühle ein.

Oder wenn sie versucht, die individuellen Verantwortungen zu übernehmen und die Menschen zu entmündigen.

Während ihrer Geschichte hat sich die Kirche all diese Dinge zu schulden kommen lassen und noch viel schlimmere. Sie hat sich der Grausamkeit, Intoleranz, Machtsucht, Verfolgung und Ungerechtigkeit schuldig gemacht. Wenn die Kirche solche Symptome zeigt, dann tun die Menschen recht daran, sich gegen sie zu stellen. Denn wenn sie solche Dinge tut, versagt sie in ihrer eigentlichen Aufgabe. Sie beansprucht eine Autorität für sich, die ihr nicht zusteht.

In ihrer langen Geschichte war die Kirche auch der Grund, durch den Millionen von Menschen in jedem Alter, jedem Stand und jeder Rasse von Jesus Christus und seiner Leben spendenden Botschaft erfahren haben. Aus den Reihen der Kirche sind Menschen hervorgetreten, die überall bekannt für ihre große Güte und Heiligkeit sind. Dies sind Menschen wie:

... der hl. Paulus, der hl. Franz von Assisi ... oder in unserer Zeit Papst Johannes XXIII. oder Mutter Teresa von Calcutta.

Wenn sich die Kirche ihrer Aufgabe stellt, ein Zeichen von Jesus in dieser Welt zu sein und seine Botschaft von Liebe und Vergebung weiterzugeben, dann erfüllt sie ihren Sinn. Und dort liegt auch ihre eigentliche Bestimmung.

Wenn man sich Katholiken genauer anschaut, wird man auf zwei verschiedene Seiten der Kirche treffen. Einerseits wird man Katholiken treffen, die (selbst wenn sie regelmäßig in die Kirche gehen) selbstsüchtig, rachsüchtig, intolerant, ziemlich heuchlerisch oder einfach nur beknackt sind.

Aber man wird auch Katholiken treffen, die einen tiefen Glauben haben, die versuchen, Gott und die Menschen ehrlich zu lieben und die als echtes Zeugnis für Jesu Liebe und Erbarmen leben.

Man sollte darüber nicht allzu erstaunt sein.

Denn mann muss um in die Kirche einzutreten, kein moralisches Führungszeugnis erwerben.

Die Kirche besteht aus ganz gewöhnlichen Menschen, die auch keine Zauberformel für´s »gut sein« besitzen. Sie ist die Vereinigung der Gläubigen – von allen Gläubigen und nicht nur von Päpsten, Bischöfen und Priestern. Zusammen versuchen sie, näher zu Gott zu gelangen; sie versuchen mehr über sich selbst und über ihren Platz in der Welt zu erfahren; sie versuchen in Jesu Fußstapfen zu treten; sie versuchen zu lernen, wie sie ihren Mitmenschen am besten dienen können.

Ja. Sie glauben nicht, dass sie alle Antworten wissen. Sie machen viele Fehler – individuelle und gemeinschaftliche. Doch egal wie sehr sie auch versagen nach Gottes Regeln zu leben – irgendwie lebt die Kirche weiter. Und sie geht weiter auf ihrem Weg – nicht zu sich selbst, sondern zu Jesus Christus.

Katholiken glauben, dass die Kirche nicht einfach nur eine menschliche Institution ist. Das Leben der Kirche kommt aus dem Geiste Christi, der in den Herzen der Mitglieder – soweit sie sich ihm öffnen – weiterlebt. Jesus ist nicht tot, er lebt. Und der Geist, der in seinem Leben die treibende Kraft war, ist jetzt auf alle seine Nachfolger verteilt. Der Geist Christi ist das, was der Kirche ihr Leben gibt, ihre Motivation und ihr Herz.

Manchmal in der Kirchengeschichte haben Mitglieder nicht mehr an Gottes Geist geglaubt. Aber der Geist bleibt immer lebendig für die Kirche. Darum bleibt die Kirche, trotz ihrer vielen Fehler, ein Zeichen für Jesu Gegenwart in der Welt und sie wird nicht müde, seine Botschaft der Liebe, Vergebung, Menschenwürde, Freude, Hoffnung und Frieden zu verkünden.

6 Katholiken und Kirche

Bischöfe der Welt – vereinigt euch! Die katholische Kirche ist keine Ein-Mann-Show. Der Papst hat zwar eine ganz besondere Führungsrolle inne, aber er führt sie nicht alleine aus. Die Bischöfe, als Nachfolger der Apostel, sind die Leiter ihrer Teilkirche. Und alle Bischöfe zusammen bilden die »Bischofsversammlung«. In Übereinstimmung mit dem Papst sind sie für die Bewahrung und Weitergabe des katholischen Glaubens verantwortlich. Normalerweise tut dies jeder Bischof in seinem Bistum. Aber gelegentlich kommen alle Bischöfe der Welt zusammen zu einem Generalkonzil, dem sog. ökumenischen Konzil. Es gab 21 solche Konzile in der Kirchengeschichte. Das letzte Konzil fand im Vatikan von 1962 bis 1965 statt. Es wird als das Zweite Vatikanische Konzil bezeichnet – manchmal auch abgekürzt als »Vatikanum II.«. Viele der weitreichenden Veränderungen in der Kirche stammen aus diesem Konzil.

Alleine gehen **Warum muss ich einer Kirche angehören um Jesus nachzufolgen?** Weil die Zugehörigkeit zur Kirche der beste Weg zu sein scheint, um das, was Jesus uns auftrug, zu tun. Er sagte, wir sollen unseren Nächsten lieben wie uns selbst. Er trug uns auf, zusammen zu beten. Er sprach über viele, die in »einem Leib« vereint sind. Wir brauchen diese christliche Gemeinschaft, um Christus in uns selbst und in den Anderen zu finden.

Historischer Horror **Wenn man sich einige furchtbare Dinge in der Geschichte anschaut, die von der Kirche getan wurden, wie kann sie dann noch behaupten, von Gott geführt zu sein?** Die Kirche besteht aus Heiligen und Sündern und von beiden ist auch etwas in jedem einzelnen. Es gehören nicht nur die zur Kirche, die schon »vollkommen« sind. Jeder sollte vollkommen werden, aber die meisten haben da noch einen langen Weg vor sich.

Die Geschichte der Kirche ist eine Geschichte von Menschen – und so unterschiedlich, wie Menschen sein können. Es gibt Geschichten von Heiligen und Geschichten von Sündern, von gut und böse. Manchmal waren die Bösen stärker als die Guten und dann geschahen schreckliche Dinge im Namen der Kirche. Dass die Kirche das alles überlebt hat, spricht für den Beistand Gottes.

Priester und Ehe **Warum heiraten Priester nicht?** Das sog. Zölibat, die Ehelosigkeit, ist die verpflichtende Lebensform der katholischen Priester, zu der sie sich vor der Priesterweihe frei entscheiden müssen. Es gehört nicht wesensnotwendig zum Priestertum, hat sich jedoch im Lauf der Geschichte, beeinflusst vom Mönchtum, entwickelt. Sein Sinn ist: der Priester soll von irdischen, familiären Bindungen ganz frei sein für den Dienst für Gott und für die Menschen. Dass diese Freiheit nicht nur eine Befreiung bedeutet, sondern auch große Probleme mit sich bringt, an denen mancher Priesterberuf scheiterte, ist kein Geheimnis.

Weltflucht **Ist es eine Art von Flucht, wenn Frauen in ein Kloster gehen?** Seit frühester Zeit gab es in der Kirche Männer und Frauen, die sich in Orden oder Ordensgemeinschaften zusammenschlossen. Sie fühlten sich von Gott berufen, in dieser Gemeinschaft nach den sogenannten evangelischen Räten (persönliche Armut, Ehelosigkeit, Gehorsam) zu leben und Gott (in den beschaulichen Orden) und den Menschen (in den tätigen Orden, z. B. durch Krankenpflege, Schule, soziale Dienste) zu dienen. Beides ist freilich nicht streng zu trennen. In einer längeren Vorbereitungszeit prüfen die Einzelnen und der Orden, ob sie zueinander passen, ob die Motive des Eintrittskandidaten dem Anliegen des

»Christus kann sein Leben in dieser Welt nicht ohne unseren Mund, ohne unsere Augen, ohne unser Kommen und Gehen, ohne unser Herz leben. Wenn wir lieben, liebt Christus durch uns. Dies ist Christlichkeit.«

Kardinal Suenens

Ordens entsprechen, also nicht nur Flucht vor der Welt sind. Wer einmal einen Orden näher kennenlernen kann, erlebt, dass das Leben in einem Orden sehr erfüllt ist. Dass es in der Kirchengeschichte auch Missbrauch und Fehlentwicklungen gab, spricht nicht dagegen.

Heuchelei **Katholiken sind Heuchler. Warum geben sie vor, besser zu sein als der Rest von uns?** Es ist erstaunlich, wieviel Menschen diese Ansicht teilen. Eventuell weil Katholiken so viel Zeit aufwenden, um zur Sonntagsmesse oder zur Beichte zu gehen, um ihre Sünden einem Priester anzuvertrauen. Aber es stimmt nicht, dass Katholiken vorgeben besser zu sein als irgendjemand anders. Wenn man Katholiken fragt, wird man feststellen, dass die meisten sich für nicht besser und nicht schlechter als andere halten. Die Kirche ist ein Verband von Pilgern auf der Reise zu dem Gott, der sie liebt.

Katholische Besserwisser **Warum denkt die katholische Kirche, dass sie alle Antworten kennt?** Manchmal hinterlassen Vertreter der Kirche wirklich diesen Eindruck. Aber eigentlich möchte die Kirche nur Antworten auf einige essenzielle Fragen über Christus und seine Botschaft der Erlösung geben. Diese Antworten basieren auf Christi Worten, den Erzählungen der Apostel und dem Versprechen Christi, seine Kirche und die, die ihm dienen, zu führen.

Wer ist wer? **Die Organisation der katholischen Kirche scheint sehr verworren mit dem Papst, den Kardinälen, Erzbischöfen, Bischöfen, Priestern, Mönchen und Nonnen. Wie passen die alle zusammen?** Nun gut, lassen wir die Mönche und Nonnen erst einmal außen vor. Der Teil der Organisation der katholischen Kirche, mit dem man üblicherweise am häufigsten in Kontakt kommt, ist die Gemeinde. Diese wird vom Gemeindepriester, dem Pfarrer, geleitet. In mancher großen Pfarrei helfen ihm weitere Priester, die Kapläne. Die Gemeinden eines bestimmten Gebietes sind zu einem Bistum (auch Diözese) zusammengeschlossen, das von einem Bischof geleitet wird. Mehrere Bistümer zusammen bilden eine Kirchenprovinz oder ein Erzbistum, dem ein Erzbischof vorsteht. Der Bischof von Rom, der Papst, leitet als der ranghöchste Bischof die ganze katholische Kirche und ist der Garant ihrer Einheit. In der Verwaltung der Kirche stehen ihm die von ihm ernannten Kardinäle bei. Sie sind Diözesanbischöfe oder Kurienkardinäle, d. h. sie leiten eine römische Kurie, eine Art Ministerium des Papstes. Wenn ein Papst stirbt, wählen alle Kardinäle in geheimer Wahl einen Nachfolger.

Die Kirche und der Papst Katholiken glauben, dass der Papst der Nachfolger des Apostels Petrus ist. Jesus gab Petrus eine ganz besondere Position der Autorität und Führung unter seinen Anhängern als er sagte: »Du bist Petrus, und auf diesen Felsen werde ich meine Kirche bauen.« Zur Zeit Christi war Rom das Zentrum der bekannten Welt. Petrus ging nach Rom und wurde dort zum Märtyrer. Deshalb wird der Papst, der Bischof von Rom, als direkter Nachfolger von Petrus angesehen.

Päpstliche Unfehlbarkeit Sie bedeutet nicht, dass alles, was der Papst sagt, die einzige Wahrheit ist. Und sie bedeutet nicht, dass der Papst keine Fehler oder keine Sünden begehen kann.
Unfehlbarkeit bedeutet: Wenn in Glaubensfragen für die ganze Kirche eine Entscheidung gefällt werden muss (von einem Konzil oder vom Papst allein), glaubt die katholische Kirche, dass eine solche Entscheidung durch den Beistand des Heiligen Geistes unfehlbar (= irrtumslos) ist.

7 Katholiken und Sakramente

In diesem Kapitel stellen wir ein Wort vor, das Katholiken oft gebrauchen. Zuerst aber möchten wir ein wenig über die verschiedenen Arten, mit denen Menschen untereinander kommunizieren, nachdenken. Hier sind einige der üblichsten …

Mit Worten …

Mit Berührungen …

Mit Gesten …

Mit Zeichen …

All diese Kommunikationsarten benutzen die menschlichen Sinne. Worte werden gesprochen und gehört. Ein Händeschütteln wird angeboten und gefühlt. Gesten und Zeichen werden gesehen. Und so sollte es auch sein. Wir sind physische Wesen und wir leben in einer physischen Welt. Wenn wir also kommunizieren, müssen wir das physisch tun – mit unseren Sinnen. Aber oft wollen wir über Dinge reden, die nicht physisch sind. Ein besonders gutes Beispiel ist die …

Liebe ist etwas Reales. Wir können sie erfahren und wir wissen, was sie ist. Aber sie ist nicht physisch real. Man kann niemandem ein Stück Liebe geben.

Wie kann man also jemandem die Liebe zeigen? Es gibt nur einen Weg. Man muss die unsichtbare aber wirkliche Liebe in Dingen zeigen, die der andere sehen, fühlen oder hören kann. So …

… kann man es mit Blumen sagen …

… oder eine Karte schicken …

… oder süße Dinge ins Ohr flüstern …

… oder sich einfach umarmen …

All das sind physische Ausdrücke von unserer Liebe. Sie sind zwar nicht das gleiche wie die Liebe. Aber die Liebe wird durch sie erfahrbar. So werden Worte, Gesten und physische Objekte wie Blumen oder Ringe zu Zeichen der Liebe.

Zeichen der Liebe sind etwas Besonderes. Sie tun etwas. Sie tragen eine Bedeutung mit sich, eine Wirklichkeit und eine Kraft, die das Leben verändern können.

Katholiken sind mit dieser Art der Kommunikation sehr vertraut. Sie wachsen schon mit der Erfahrung auf, dass versteckte Dinge – wie die Liebe – durch Zeichen weitergegeben werden können. Diese spezielle Art von Zeichen nennen sie:

SAKRAMENT

Ein Sakrament ist ein Zeichen, durch das uns Gott seine Liebe, sein Leben und seine Vergebung schenkt.

Nun, das erste und wichtigste Zeichen ist Jesus selbst.

Jesus macht Gott für uns in einer Art gegenwärtig, die wir sehen, hören und fühlen können: in seinem menschlichen Leben. Er »verkörpert« Gottes Liebe. So ist er ein »Sakrament«.

Jesus lebt auch heute noch.
Durch seinen Geist lebt er in der Kirche. Also könnte die Kirche auch Sakrament genannt werden, da sie ein Zeichen für die Gegenwart Christi in der Welt ist.

In der Kirche verkündet Jesus die Liebe des Vaters zu den Menschen und seine Vergebung. Dies könnte auf vielerlei Weise geschehen, aber Katholiken glauben, dass es besonders heilige Momente sind, wenn Jesus in einer besonderen Art zu ihnen spricht. Diese speziellen Momente sind die sieben Sakramente der Kirche.

Die sieben Sakramente benutzen Zeichen wie Worte oder Gesten und Materialien wie Öl, Wasser, Brot und Wein. Durch diese Dinge erreicht Gott die Sinne der Gläubigen.

Die sieben Sakramente

Taufe ... Firmung ... Eucharistie ... Krankensalbung ... Bußsakrament ... Ehesakrament ... Priesterweihe

Wenn Katholiken ein Sakrament empfangen, glauben sie in Kontakt mit Jesus Christus zu sein. Er spricht zu ihnen in einer Art, die sie sehen, hören und fühlen können.

Etwas sehr Besonderes. Und sie spielen eine große Rolle im Leben eines Katholiken. Durch die Sakramente wird die Liebe, das Leben und die Gnade Gottes gegenwärtig, wirklich und erfahrbar für die Gläubigen.
Die Sakramente sind Gottes Art zu sagen: »Hier bin ich. Ich liebe dich.«

7 Katholiken und Sakramente

Zu jung zum sündigen **Mein Sohn geht bald zur ersten Beichte. Aber er scheint noch viel zu jung, um ernsthafte Sünden zu begehen. Warum werden die Kinder dann so verängstigt?** Beichte ist nicht dazu gedacht, jemanden ängstlich zu machen. Sie sollte eigentlich das Gegenteil tun. Sie bietet die Möglichkeit, die Verfehlungen gegenüber Gott und den anderen Menschen zu überdenken, zu zeigen, dass es uns leid tut und uns der Vergebung Gottes gewiss zu werden. Wir sollten nicht zu voreilig mit der Behauptung sein, dass Kinder nichts Falsches tun können, für dass sie sich entschuldigen müssten. Auch ziemlich kleine Kinder können sehr gemein, böse oder selbstsüchtig sein.

Doch bevor Kinder das erste Mal zur Beichte gehen, sollten sie in der Lage sein, zwischen absichtlichen und zufälligen Geschehnissen zu unterscheiden (ein Teller zu zerbrechen ist sicher ein Versehen, ihn aber der Schwester an den Kopf zu schlagen ist vermutlich Absicht). Sie sollten auch in der Lage sein, Fehler mit ihren eigenen Worten auszudrücken und sie sollten auch verstehen, dass Sünden das Verhältnis zu Gott, ihrem Vater, beeinflussen.

»In den Sakramenten nimmt die Natur am Prozess der Erlösung teil. Brot und Wein, Wasser und Licht und alle großen Elemente der Natur werden die Träger der spirituellen Bedeutung und der rettenden Kraft.«

Paul Tillich

Die Taufe verweigert **Als meine Schwägerin ihr Baby taufen lassen wollte, weigerte sich der Priester. Ist das nicht falsch?** Wenn der Priester sich generell geweigert hat und keine Erklärungen gegeben hat, dann war es sehr falsch. Aber manchmal wird ein Baby zur Taufe gebracht und der Priester weiß, dass keiner der Eltern praktizierender Christ ist und er weiß, dass das Kind im Elternhaus nicht den rechten Glauben finden kann. In diesem Fall ist der Priester verpflichtet, die Taufe abzulehnen. Er muss aber den Eltern seine Gründe erklären. Möglicherweise war dies bei ihrer Schwägerin der Fall.

Taufe ist keine Zauberei. Es ist das Zeichen, dass jemand Mitglied der Kirche wird. Es hat also keinen Sinn, ein Kind zu taufen, bevor die Eltern nicht auch vorhaben, es auf den Weg des Glaubens zu bringen.

Ruft einen Priester **Ich war unsicher darüber, ob ich einen Priester rufen sollte, als meine Mutter schwer krank war. Was kann der tun?** Er kann eine Menge tun. Als erstes kann er die Krankensalbung spenden. Dies ist ein spezielles Zeichen der Liebe und Sorge Gottes für kranke Menschen. Es besteht aus einigen Gebeten und einem Segen für den Kranken, der Kraft, Besserung und Trost spendet. Der Priester salbt den Kranken mit einem speziellem Öl als besonderen Segen. Es besteht auch die Möglichkeit zu beichten oder die Kommunion zu empfangen, so dass der Kranke getrost und erleichtert eventuellen Komplikationen, welche die Krankheit bringen könnte, entgegen sehen kann. Der Priester segnet auch die Familie und bietet ihnen an, zusammen für den Patienten zu beten.

Zeichen des Lebens und der Liebe

Durch die sieben Sakramente reicht uns Gott symbolisch seine Hand und berührt die Seelen seiner Gläubigen in einem ganz wichtigen Moment.

1

Die Taufe geht auf die direkte Einsetzung durch Christus zurück. Gemeint ist zunächst die Erwachsenentaufe, die beim Täufling den Glauben an Jesus Christus und die innere Umkehr voraussetzt. Die Taufe, im Normalfall vom Priester, im Notfall (Nottaufe) von jedem Menschen gespendet, geschieht durch Eintauchen (früher) oder Übergießen (heute) des Kopfes mit Wasser und der Taufformel: »Ich taufe dich im Namen des Vaters und des Sohnes und des Heiligen Geistes.«

Die Taufe ist das Grundsakrament der gesamten Christenheit. Sie bewirkt die Eingliederung des Täuflings in die Kirche und die Vergebung aller bisherigen Sünden.

2

Durch die Firmung wird der Katholik in der Kraft des Heiligen Geistes zu einem Leben aus dem Glauben gestärkt. Sie wird zu einem Zeitpunkt gespendet, da der Heranwachsende sich selbst zum Glauben bekennen kann. Der Bischof legt dem Firmling die Hand auf und salbt seine Stirn mit geweihtem Chrisamöl.

3

In der heiligen Eucharistie schenkt sich Christus unter den Gestalten von Brot und Wein den Gläubigen. (siehe Kapitel 8)

4

Im Bußsakrament vergibt Christus dem bereuenden Sünder seine Schuld. (siehe Kapitel 4 und 5)

5

Die Ehe ist das Sakrament, das sich die Eheleute vor dem zuständigen Pfarrer und vor zwei Zeugen selbst spenden. Es schließt das Versprechen ein, den Partner als Mann bzw. als Frau anzunehmen und ihm in guten und bösen Tagen anzugehören. Dieses Versprechen gilt lebenslang.

6

Die Priesterweihe ist ein vom Bischof gespendetes Sakrament, mit welchem das besondere Priesteramt als ein Dienstamt in der Kirche übertragen wird. Sie wird in der katholischen Kirche einem unverheiratet bleibenden Mann (Zölibat) gespendet, der seinem Bischof Gehorsam gelobt sowie eine entsprechende geistliche und wissenschaftliche Ausbildung (Theologiestudium) absolviert hat. Die katholische Kirche kennt drei Stufen des Weihesakramentes: Diakonenweihe, Priesterweihe, Bischofsweihe.

7

Die Krankensalbung, früher missverständlich häufig »Letzte Ölung« genannt, ist das Sakrament zur Stärkung und Sündenvergebung in schwerer Krankheit und Todesgefahr. Der Priester salbt den Kranken mit dem vom Bischof für diesen Zweck geweihten Olivenöl an Stirn und Händen und bittet dabei Christus, den Kranken zu stärken und ihm seine Sünden zu verzeihen.

8 Katholiken und heilige Messe

Auch Menschen, die von der katholischen Kirche so gut wie nichts wissen, wissen, dass Katholiken am Sonntag in die Kirche gehen müssen. In diesem Kapitel werden wir versuchen zu erklären, warum die Sonntagsmesse so wichtig für Katholiken ist. Aber das zu erklären ist gar nicht so einfach wie es scheint. Selbst Katholiken haben vielerlei Gründe, warum sie in die Kirche gehen – einige gute und einige nicht so gute. Fangen wir mal mit ein paar Bildern an:

Früher hatten viele Katholiken solche Bilder von der Kirche in ihrem Kopf. Daher gingen sie oft aus einem Gefühl der Verpflichtung und der Angst, sonst Gottes Zorn hervorzurufen, in die Kirche. Heute stimmen aber viele Katholiken darin überein, dass solche Bilder falsch sind. Aus ihnen könnte man nämlich auf drei Dinge schließen:

1. Gott ist ein Tyrann, der verehrt werden will, obwohl wir schon vor ihm buckeln.
2. Jesus ist nur ein Handlanger Gottes, der zu den Menschen kam um ihnen zu sagen, wie sie sich verhalten sollen.
3. Die Kirche ist die Organisation Jesu, die überwachen soll, dass wir uns auch so verhalten.

Wenn Sie aufmerksam die vorangegangenen Kapitel gelesen haben, wissen Sie, dass keine der drei Aussagen zutrifft. Und keine von ihnen steht für den Glauben, den Katholiken haben. In unserer Zeit haben die meisten Katholiken viel bessere Gründe zur Messe zu gehen als die bloße Angst vor Gottes Zorn. Aber solch veraltete Bilder können immer noch einigen Einfluss haben und vereinzelt trifft man auch noch auf Katholiken, die zur Sonntagsmesse gehen, nur um ihr Gewissen zu beruhigen.

Man trifft auch Katholiken, die aus einem Gefühl der Angst und der bösen Vorahnung zur Messe gehen, weil sie denken, dass ihnen in der folgenden Woche etwas Schreckliches passiert, wenn sie die Messe am Sonntag verpassen.

Man trifft auch Katholiken, die zur Messe gehen, weil es üblich ist, dies zu tun. Dies trifft oft auch auf Jugendliche zu, die nur gehen, weil die ganze Familie geht, obwohl sie viel lieber im Bett bleiben würden.

Doch die meisten Katholiken gehen in die Kirche, weil sie der Meinung sind, dass es ein wichtiger Bestandteil ihres Lebens als Christen ist. Sie sehen die Messe nicht als eine Dienstleistung der Kirche, der sie beiwohnen. Die Messe ist ein Ereignis, ein Tun, das Katholiken zusammen veranstalten. Sie sind dabei nicht Zuschauer, sondern tief eingebunden. Bei jeder Messe geschieht neu, was Jesus beim letzten Abendmahl in der Nacht vor seiner Kreuzigung mit seinen Jüngern tat.
Jesus sagte dabei:

> Nehmet und esset alle davon: Das ist der Leib, der für euch hingegeben wird.
>
> Nehmet und trinket alle davon: Das ist der Kelch des neuen und ewigen Bundes, mein Blut, das für euch und für alle vergossen wird zur Vergebung der Sünden. Tut dies zu meinem Gedächtnis.

Jesu Worte »Tut dies zu meinem Gedächtnis.« werden ohne Unterbrechung seit fast 2000 Jahren befolgt. Jedesmal, wenn sich Katholiken zur Messe versammeln, wissen sie, dass sie dort sind um das zu tun, was Jesus tat. Und sie glauben, dass in diesem Ereignis Jesus, der am Kreuz starb und drei Tage später auferstand, unter ihnen ist.
Die Messe ist eine heilige Aktion, die eine viel tiefere Bedeutung hat, als Worte dies ausdrücken können. Dies ist ein Grund, warum Katholiken niemals genug von den Sonntagsmessen haben. Je öfter sie die hl. Messe mitfeiern, desto tiefer dringen sie in ihr Geheimnis ein und begreifen ein Stück mehr, wie wichtig und bedeutsam sie für ihr Leben ist.
Wenn man also einige Katholiken befragt, was ihnen die heilige Messe bedeutet, wird man eine Reihe unterschiedlicher Antworten erhalten. Hier sind einige Antworten, die dabei fallen könnten:

8 Katholiken und heilige Messe

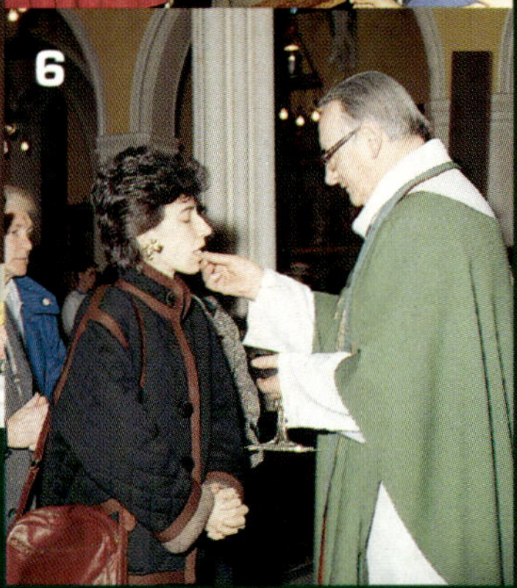

1. **Heilige Schrift:**
   Normalerweise werden 2 Lesungen vom Lektor und das Evangelium vom Priester vorgetragen.
2. **Predigt:**
   Der Priester erläutert den Bibeltext in seiner Geltung für uns.
3. **Gabenbereitung:**
   Nach den Fürbitten werden Brot und Wein zum Altar gebracht.
4. **Wandlung:**
   Nach der Wandlung hebt der Priester die Hostie hoch, so dass sie von den Menschen verehrt werden kann.
5. **Vaterunser/ Friedensgruß:**
   Nach dem »Vaterunser« wünschen sich die Menschen den Frieden, normalerweise mit einem Handschlag.
6. **Heilige Kommunion:**
   Die geweihten Hostien werden an alle, die es wünschen, ausgegeben.

Zwei Alternativen **Warum können Katholiken nicht zu Hause beten anstatt in die Kirche zu gehen?** Katholiken können zu Hause beten und tun dies auch. Aber sie tun dies nicht als Ersatz für die Sonntagsmesse, denn es ist eine andere Form des Gebetes und es dient einem anderen Zweck. Es ist nicht einfach eine Entscheidung zwischen zwei Alternativen. Christen sind im Wesentlichen Menschen, die an Jesus Christus glauben und versuchen, seinem Vorbild zu folgen. Sie sind eine Gemeinschaft von Glaubenden. Wenn die Mitglieder einer Familie oder einer Gemeinschaft gar keinen Kontakt mehr untereinander haben, verlieren sie bald ihr Zusammengehörigkeitsgefühl und isolieren sich.
Christen nehmen an der heiligen Messe teil, weil es der Höhepunkt ihres Lebens als Christen ist. In der Kirche sind sie untereinander und mit Christus in einer einzigartigen und persönlichen Art vereint. Aber sie beten trotzdem noch zu Hause.

Alleingelassen **Ich bin nicht katholisch, begleite aber meine katholische Freundin ab und zu in ihren Gottesdienst. Dort fühle ich mich jedoch nicht recht wohl. Ich kann und will nicht wie die anderen Antworten geben und Gebete sprechen und die unbekannten Lieder singen. Störe ich und sollte besser nicht hingehen?** Zuerst: Sie stören nicht und sind auch als Nichtkatholik willkommen. Wenn Sie sich umschauen, werden sie bemerken, dass auch andere Leute keine oder nur einige Gebete mitsprechen oder nicht singen. Vielleicht hilft es Ihnen, wenn wir Ihnen die hl. Messe in ihren

Grundzügen kurz schildern. Sie können ihren Verlauf auch mit Hilfe des in den meisten Kirchen ausliegenden Gesangbuches »Gotteslob« verfolgen (Nr. 353 bis 366).

Langweilige Messe **Ich war in der Messe. Es war langweilig. Warum?** In einigen Gemeinden ist die heilige Messe leider meistens langweilig – selbst für Katholiken. Dies sind Gemeinden, in denen sich offensichtlich weder Priester noch Gemeinde besonders um die heilige Messe kümmern. Halbherzige Gesänge, unverständliche Lesungen und stumpfe, uninspirierende Predigten sind die Symptome. Eigentlich sollte es aber nicht so sein. Die heilige Messe ist die Feier von Christi Gegenwart unter uns. In der Kirche fühlen sich die Menschen in Kontakt mit Jesus und beten vereint zu ihm. Dies geschieht unabhängig davon, ob die Messe gut gestaltet war oder nicht. Trotzdem haben Priester und Gemeinde die Verantwortung dafür, dass die Bedeutung der heiligen Messe durch eine sorgfältige Gestaltung gebührend zur Geltung kommt.

Die heilige Messe **Wie läuft eine Messe ab?** Die heilige Messe hat vier Teile: Eröffnung, Wortgottesdienst, Eucharistiefeier und Entlassung. Die Eröffnung wird durch Gesang und Gebet bestimmt. Der Wortgottesdienst geht auf die jüdische Sabbatfeier zurück. Im Mittelpunkt steht die Verlesung der Botschaft Gottes: zwei Lesungen, zumeist eine aus dem Alten und eine aus dem Neuen Testament, und das Evangelium, ein Bericht vom Leben Jesu aus dem Neuen Testament. In der Predigt erklärt der Priester das Wort Gottes und bezieht es auf das Leben der Hörer. Die Gemeinde antwortet mit dem Bekenntnis ihres Glaubens, dem Credo, und trägt in den Fürbitten ihre Anliegen, die der Weltkirche und der Einzelnen vor Gott.
In der Eucharistiefeier spricht der Priester in der Vollmacht Christi für die Gemeinde das große Dankgebet, das sog. eucharistische Hochgebet. Dabei erinnert er an das letzte Abendmahl Jesu und sagt über Brot und Wein die Worte, die Jesus damals sprach: Das ist mein Leib – Das ist mein Blut (hl. Wandlung). Die Gemeinde stimmt mit ihrem »Amen« diesem Geschehen zu. Nach dem gemeinsamen Gebet des Vaterunsers und dem Friedensgruß empfangen die Teilnehmer das heilige Brot, den Leib Christi (heilige Kommunion). Mit einem Dankgebet, dem Segen zur Entlassung und zumeist einem Schlusslied endet die heilige Messe.

Von der Kirche zur Kneipe **Manche Katholiken gehen von der Kirche sonntags geradewegs in die Kneipe. Zeigt das nicht, dass ihnen die heilige Messe nicht viel bedeutet?** Nein. Es könnte genau das Gegenteil heißen. Möglicherweise sind sie so froh, Freunde in der Kirche zu treffen, dass sie nicht sofort wieder auseinandergehen wollen. Es ist nichts Negatives an sozialem Beisammensein nach der Kirche: Kaffee und Kuchen in der Vorhalle, ein Glas Wein bei Freunden zu Hause oder ein Glas Bier in der Kneipe. Nichts von dem schmälert die Aufrichtigkeit bei der heiligen Messe. Falls freilich die heilige Messe nur als ein Anlass zum Kneipenbesuch gesehen wird und dieser gar so ausartet, dass die Familie vernachlässigt wird und Streit nach Hause getragen wird, besteht Ihre Kritik zu Recht.

9 Katholiken und Ehe

Das Wichtigste über die Einstellung der katholischen Kirche zur Ehe ist, dass sie genau die selbe ist, wie die von allen andern. Jeder liebt eine schöne Hochzeit. Besonders Tanten …

Jeder mag es gerne, ein junges Pärchen zu sehen, dass sich so sehr liebt, dass es den Rest seines Lebens zusammen verbringen möchte.

Bei einer Hochzeit merkt man, dass die Braut bzw. der Bräutigam für den Partner von ungeheurem Wert ist. Die beiden haben die Liebe zueinander entdeckt. Sie gibt ihrem nun gemeinsamen Leben einen tiefen und schönen Sinn.

Das ist ihnen so wichtig, dass sie es für immer besiegeln und vor allem öffentlich bezeugen wollen.

Und so versprechen sie sich in Gegenwart ihrer Familien und Freunde in der Kirche ihre unsterbliche Liebe.

Die katholische Kirche stimmt all dem voll zu. Und genauso findet fast jeder in der Kirche, dass Hochzeiten etwas Wunderbares sind.

Das ist wahr. Aber als sich die Christenheit entwickelte, stellten verheiratete Christen auf einmal fest, dass ihre Liebe füreinander die selbe Liebe war, die sie im Herzen für Christus empfanden.

Also nahm die Ehe für Christen eine viel tiefere Bedeutung an. Sie merkten, dass das Band der Liebe zwischen Verheirateten sie nicht nur näher zusammen bringt, sondern auch näher zu Christus bringt.

Christen fingen an, die Ehe nicht mehr nur als soziale Einrichtung zu betrachten, sondern auch als einen Weg zur Heiligkeit.

Und das ist noch nicht alles.
Die Liebe, die ein Ehepaar füreinander zeigt betrifft nicht nur das Paar selbst. Sie ist auch ein Zeichen für die ganze Kirche.

Und so wurde Ehe zum Sakrament – eines der sieben, durch die die Liebe Christi in der Welt sichtbar wird.
Nun mag das alles ein bisschen unrealistisch klingen. Die meisten werden sagen, dass die Ehe ja gar nicht so ist.

Aber wie werden denn Ehepaare ein Zeichen der Liebe Christi?
Vor allem durch das Entdecken, was Liebe ist und was sie bedeutet. Ehe wird ja oft auch Schule der Liebe genannt. Und manche Menschen haben dort noch eine Menge zu lernen.

Wenn die Flitterwochen erst vorüber sind, müssen alle Paare entdecken, was wahre Liebe bedeutet. Während der Wochen, Monate und Jahre ihrer Beziehungen gibt es zahllose Gelegenheiten, um gegenseitige Akzeptanz, Toleranz und Barmherzigkeit zu lernen.

Das Geheimnis liegt darin, zu entdecken, was Liebe wirklich bedeutet und so näher zu Christus zu finden. Dies ist ein Grund, warum die katholische Kirche darauf besteht, dass die Ehe etwas fürs ganze Leben ist. Nur durch die lebenslange Treue von Mann und Frau kann die ganze Treue der Liebe Christi symbolisiert werden.

Es sollte jetzt klar sein, dass die Vorstellung der katholischen Kirche von der Ehe mehr enthält, als nur die Hochzeit in einer Kirche abzuhalten. Was eine Ehe christlich macht ist nicht nur ein Segen für einen Vertrag. Christliche Ehe ist eine persönliche Beziehung lebenspendender Liebe, in der zwei Menschen die Liebe Christi für andere sichtbar machen.
Und die Kirche möchte, dass die Paare wissen, was sie sich vornehmen. Die Ehe ist nicht das Happy End einer Liebesgeschichte. Sie ist der glückliche Anfang einer lebenslangen Liebesbeziehung in Christus.

9 Katholiken und Ehe

Kirchliche Hochzeit **Was hat die Kirche mit der Hochzeit zu tun?** Die Ehe als rechtlich geordnete Beziehung zwischen einem Mann und einer Frau besteht unabhängig davon, ob die Ehepartner an Christus glauben oder nicht. Wer aber an ihn glaubt und mit der Kirche lebt, für den ist die Ehe mehr als die natürlichste Sache der Welt. Wenn zwei getaufte Christen heiraten, so ist ihre Ehe ein Sakrament. Das heißt: Die Eheleute setzen ein Zeichen: Ihr Ja zueinander und ihr Leben miteinander sollen ein Abbild des Lebens Christi mit seiner Kirche sein. So endgültig, wie sich Christus an die Kirche gebunden hat, binden sie sich aneinander. Und sie dürfen sicher sein, dass Christus zu ihnen steht wie zur Kirche – in guten und bösen Tagen.

Das Sakrament der Ehe spenden sich die Brautleute selbst, wenn sie vor dem Priester der Gemeinde und zwei Zeugen einander das Jawort geben. Aber dieses Sakrament ist nicht nur auf die Feier der Hochzeit beschränkt. Es ist ein Lebensprogramm und dauert die ganze Ehe hindurch. Deshalb muss jeder, der eine Ehe schließen will, wissen, dass sie nur mit einem Partner möglich ist (Einheit der Ehe). Sie ist unauflöslich und darf den Willen zum Kind nicht ausschließen.

Mischehe **Was sagt die Kirche, wenn ein Ehepartner nicht katholisch ist?** Es gibt zwei verschiedene Arten von Mischehen, die konfessionsverschiedene und die religionsverschiedene Mischehe.

Bei der konfessionsverschiedenen Ehe sind beide Partner getaufte Christen, einer von ihnen gehört jedoch einer nichtkatholischen Konfession an, er ist z. B. evangelisch. In diesem Fall ist eine Mischehe nach dem Kirchenrecht gültig, aber nicht erlaubt. Für die Erlaubtheit muss der zuständige Pfarrer beim Bischof eine Dispens (die Befreiung vom Kirchengesetz für einen bestimmten Fall) einholen. Voraussetzung für die Dispens ist das Versprechen des katholischen Ehepartners, seinem Glauben treu zu bleiben und die Kinder in diesem Glauben zu erziehen. Eine solche Mischehe ist in der Regel eine Belastung für das Glaubensleben. Sie fordert eine große Toleranz der Partner, sie hält aber auch die Dringlichkeit des Anliegens der Einheit der Kirchen wach.

Die Kirche wünscht, nach erteilter Dispens, eine katholische Trauung, lässt jedoch auch eine sog. ökumenische Trauung zu. Dabei handelt es sich um eine katholische Trauung in Anwesenheit des evangelischen Pfarrers oder eine evangelische Trauung unter Teilnahme des katholischen Pfarrers. Diese Trauungsform wurde von der katholischen und der evangelischen Kirche gemeinsam erarbeitet.

Eine religionsverschiedene Ehe, bei der ein Partner nicht getauft oder auch religionslos ist, ist nach kirchlichem Recht ungültig, falls keine Dispens vorliegt. Da eine solche Mischehe eine starke Belastung für den Glauben des katholischen Partners bedeutet, wird die Dispens in der Regel nur erteilt, wenn der Dispensgeber sich moralisch sicher ist, dass der Katholik seinem Glauben treu bleiben wird.

Ehescheidung/Ehenichtigkeit **Wenn die Ehe missglückt, kann man sich scheiden lassen?** Eine gültige Ehe kann nach katholischer Lehre nicht geschieden werden. Die Kirche hält sich an das Wort Jesu: »Was Gott verbunden hat, das darf der Mensch nicht trennen« (Mt 19,6). So bleibt auch bei einer Scheidung der Ehepartner die einmal gültig geschlossene Ehe bestehen. Eine kirchliche Wiederheirat ist nicht möglich. Die Kirche muss aber den Geschiedenen beistehen, denn Gott hat ein Herz auch für die Gescheiterten.

Manche geschiedenen Katholiken streben einen kirchlichen Eheprozess zur Feststellung der Nichtigkeit ihrer Ehe an. Nichtig kann eine Ehe sein, wenn bei der Eheschließung ein nicht beachtetes Ehehindernis vorlag, wegen eines Mangels an Erkenntnis (Geisteskrankheit oder grobe sittliche Unreife) oder bei nachweisbar fehlendem Ehekonsens (bloße Simulation oder Ausschluss eines Bestandteiles des Konsenses, also der Einheit und Unauflöslichkeit der Ehe sowie der sexuellen Gemeinsamkeit, die auf die Zeugung von Nachkommen ausgerichtet ist). Nichtig ist auch eine Ehe, die nicht freiwillig geschlossen wurde, sondern nur unter Zwang zustande kam. Eine solche nichtige Ehe wird nicht geschieden, sie bestand, entgegen dem Augenschein, gar nicht.

Bevor Sie eine Ehe schließen, fragen Sie sich bitte:

- Kann ich den Rest meines Lebens mit diesem Partner verbringen. Bin ich in der Lage, die Beziehung jeden Tag meines Lebens zu stützen?
- Ist mein Partner auch zu solch einer Beziehung mit mir in der Lage?
- Kann ich meinen Partner lieben und ehren, in guten und in schlechten Zeiten, in Krankheit und Gesundheit?
- Kann ich mich auf meinen Partner verlassen und tut er das selbe bei mir?
- Kennt mein Partner mich gut genug (die guten und die schlechten Seiten), um ein lebenslanges Versprechen mit mir einzugehen?
- Kenne ich meinen Partner gut genug um das gleiche zu tun?
- Heirate ich aus eigenem freien Willen? Bin ich mir sicher, dass ich von niemandem bedrängt werde?
- Bin ich mir sicher, dass mein Partner meine religiöse Überzeugung toleriert und toleriere ich seinen Glauben, falls es nicht auch der meine ist?

»Ich nehme dich an
als meine Frau/
meinen Mann
und verspreche dir die Treue
in guten und bösen Tagen,
in Gesundheit und Krankheit.
Ich will dich lieben,
achten und ehren,
solange ich lebe.«

aus dem Trauritus

10 Katholiken und Sex

Wie passt dieses Bild zur Einstellung der Katholischen Kirche zu Sex?

Viele Menschen – einschließlich vieler Katholiken – würden sagen, dass dies ein sehr genaues Bild dafür ist.

Wir müssen ehrlich sein und zugeben, dass die Lehre der katholischen Kirche in bezug auf Sex oft sehr negativ und pessimistisch war. Für Jahrhunderte war es die herrschende Meinung, dass die erste und einzige Aufgabe von Sex die Zeugung von Kindern war, der vergnügliche Aspekt von Sex aber wurde mit Argwohn betrachtet. Diese Einstellung zu Sex hielt sich noch bis ins 20. Jahrhundert und hinterließ seine Spuren bei vielen Katholiken.

Eine vierzigjährige katholische Frau meinte:

Es gab auch immer Bestrebungen in der Kirche, die erkannt hatten, dass die sexuelle Vereinigung zwischen Mann und Frau eine viel tiefere Bedeutung hat als nur die rein biologische. In der Vergangenheit wurde dies oft überspielt, aber in letzter Zeit ist es allmählich immer mehr zum Vorschein gekommen. Als Ergebnis dessen ist die Betrachtungsweise der katholischen Kirche zur menschlichen Sexualität viel positiver geworden.

In offiziellen kirchlichen Veröffentlichungen steht das zwar immer noch nicht wörtlich drin, aber das folgende kurze Zitat gibt einen Hinweis zur heutigen Einstellung in Bezug auf Sex:

Das mag sich ein wenig hochtrabend anhören, aber es zeigt doch zumindest, dass die Einstellung der Kirche zu Sex nicht länger von Argwohn gestaltet ist.

Die Kirche hat erkannt, dass Sex eine gute Sache ist.

Ein besonderes Zeichen aus der letzten Zeit ist auch, dass die Kirche angefangen hat, Ehepaaren zuzuhören und deren Erfahrungen in ihre Berichte mit aufzunehmen.
Hier sind zwei Stücke aus Interviews mit katholischen Ehefrauen. Sie geben ein bisschen den Reichtum und die Tiefe einer ausgefüllten sexuellen Beziehung wieder.

> Ich fühlte, dass eine offene sexuelle Beziehung in der Ehe sehr wichtig ist. Und ich finde, dass eine Menge der Wunden, die der tägliche Ärger hinterlässt, beim Lieben geheilt werden. Ich fühle mich gebraucht, umsorgt und geliebt – und eine Menge anderer Probleme scheinen auf einmal nicht mehr so wichtig.

> Ich habe erst nach einiger Zeit des gemeinsamen Ehelebens bemerkt, dass die Vereinigung von zwei Körpern zu einem eine seelenheilende Erfahrung ist. Aber nur bei der wahren Vereinigung eines Paares … wird es dieser spezielle und wunderbare Akt, der es ist … wenn beide Partner bereichert sind und ihrer Liebe einen neuen Wert gegeben haben.

Es ist sehr interessant, diese beiden Zitate mit den Worten des Konzils zu vergleichen. Alle drei haben eine sehr hohe Meinung von Sex.
Aufgrund seiner Natur ist Sex ein physischer Akt, aber seine Bedeutung geht viel tiefer. Er hat die Kraft zu heilen, zu lindern und zu beruhigen.

Durch ihre sexuelle Vereinigung lernt ein Paar sich noch besser gegenseitig kennen – und dies fördert das Zusammenwachsen, gibt Vertrauen und Sicherheit. Durch Sex können sie ihre Freude und Dankbarkeit ausdrücken. Sex ist eine Körpersprache – eine Sprache, in der die Partner die tiefsten Gefühle, Gedanken und Bedürfnisse ausdrücken können.

Mit anderen Worten vertieft und festigt Sex die Beziehung zwischen zwei Menschen.
Und dies ist ein Grund dafür, dass die katholische Kirche der Meinung ist, dass Sex seine volle und authentische Bedeutung nur in der dauerhaften Gemeinschaft der Ehe finden kann. Außerehelicher Sex ist dagegen ärmlicher, erstens, weil die Beiden sich nicht sicher sein können, ob sie das selbe wollen:

Und zweitens, weil außerehelicher Sex nicht die Chance hat, sein gesamtes Potential zu entwickeln:

Die katholische Kirche kennt die Kraft und die Schönheit des sexuellen Aktes. Aufgrund dieses hohen Stellenwertes von Sex besteht die Kirche darauf, dass Sex und Ehe zusammengehören.
Mit anderen Worten soll »sich lieben« auch sich lieben bedeuten. Beim sexuellen Sich-hingeben steigert ein Paar seine Liebe füreinander und ermutigt sie, zu wachsen. Und das ist nur in einer sicheren und dauernden Beziehung möglich.

10 Katholiken und Sex

Aufhören, sich einzumischen **Ich sehe nicht, was Sex und Ehe mit Christentum zu tun haben. Warum mischt sich die Kirche hier ein?** Die Lehre Jesu Christi betrifft im engeren Sinne nicht nur die Religion. Sie bezieht sich auf das ganze menschliche Dasein. Christen glauben, dass Jesus gekommen ist, um uns zu zeigen, wie man ganz Mensch und ganz lebendig ist. So gibt es auch keine Bereiche unseres Lebens, die nicht unter seinem Einfluss stehen.

Sex und Ehe sind zentrale Dinge im Leben vieler Menschen. In solch einer liebenden Beziehung suchen die meisten Menschen nach der Erfüllung und dem Wachsen menschlicher Reife. Es würde sehr überraschen, wenn christlicher Glaube nichts zu solch einer Beziehung zu sagen hätte.

Zu viele Kinder **Warum ist die katholische Kirche so gegen die Familienplanung? Ist es nicht sehr unvernünftig, von einem Paar zu erwarten, so viele Kinder zu bekommen, wie es kann?** Die katholische Kirche ist nicht gegen die Familienplanung. Im Gegenteil, die Kirche ermutigt Ehepaare, ihre Familie verantwortungsbewusst zu planen. Die Missverständnisse zu diesem Thema erwachsen daraus, dass Begriffe wie Familienplanung, Geburtenkontrolle oder Empfängnisverhütung oft verschieden verstanden werden.

Die katholische Kirche ist gegen künstliche Methoden der Empfängnisverhütung wie die Pille oder das Kondom. Aber sie ist nicht gegen das Prinzip der Familienplanung. Verheiratete Paare sollen vernünftige Entscheidungen darüber treffen, wann und wieviele Kinder sie haben wollen. Dabei sollen sie Überlegungen, wie ihren finanziellen Status, ihre Wohnung oder die eigene Reife und Fähigkeit, für ein Kind zu sorgen, mit einfließen lassen. Wenn ein Paar gerade erst geheiratet hat, so muss es nicht gleich ein Kind bekommen – und es gibt auch genug gute Gründe für eine solche Entscheidung. So kann es sein, dass sie erst als Paar enger zusammenwachsen wollen, bevor sie die Verantwortung übernehmen, ein Kind zur Welt zu bringen. Oder sie wollen sich erst ein Zuhause schaffen.

»Stark wie der Tod
ist die Liebe,
die Leidenschaft ist stark
wie die Unterwelt.
Ihre Gluten
sind Feuersgluten,
gewaltige Flammen.«

Hoheslied 8,6

Empfängnisverhütung **Warum verbietet die katholische Kirche die Benutzung der Pille und anderer Verhütungsmittel?** Wenn man fragt, wofür der sexuelle Umgang da ist, so gibt es zwei Funktionen. Die erste ist, um die liebende Verbindung zwischen Mann und Frau auszudrücken. Jedesmal, wenn sie sich lieben, stärken und vertiefen sie ihre Verbindung.

Die zweite Funktion von sexuellem Verkehr ist die Zeugung von Kindern. Während es sich seine Liebe zeigt, kann ein Paar mit der kreativen Schöpfung Gottes zusammenarbeiten, welche es möglich macht, neues Leben in die Welt zu bringen.

Die katholische Kirche hält daran fest, dass diese beiden Funktionen von Sex nicht getrennt werden können. Sie sind in den Sexualakt integriert, genauso wie der Genuss von Speisen einerseits und die Notwendigkeit, den Körper zu ernähren andererseits, in den Akt des Essens integriert sind. Wenn also Menschen Schritte unternehmen, um das eine vom anderen zu trennen, um sicher zu sein, dass die Möglichkeit der Zeugung beim Sex entfernt ist, so beherrschen sie das Leben in einer Art, die ihnen nicht zusteht. Dies ist kurz gesagt der Grund, warum die Kirche die Benutzung von Verhütungsmitteln untersagt.

Aber es ist keine Auflehnung gegen Gottes Schöpfung, wenn Paare ihr Liebesspiel auf die unfruchtbaren Tage im Zyklus der Frau legen. Sie machen lediglich Gebrauch von einer Einrichtung der Natur selbst (oder aus christlicher Sicht von Gott selbst).

Natürliche Methoden **Empfiehlt die Kirche natürliche Verhütungmethoden, da diese nicht sehr verlässlich sind?** Die Kirche ist keine Familienplanungs-Agentur. Sie »empfiehlt« gar nichts. Das Anliegen der Kirche ist die Moral der Geburtenkontrolle. Es sei auch angemerkt, dass es genauso unmoralisch sein kann, wenn die Benutzung natürlicher Verhütungsmethoden nur aus reinem Selbstzweck geschieht. Wenn zum Beispiel ein Paar keine Kinder möchte, nur um ein einfaches und komfortables Leben ohne Bindungen zu haben, so handelt es – aus kirchlicher Sicht – unmoralisch, selbst wenn es dazu natürliche Verhütungsmethoden benutzt.

So ist die Sicherheit natürlicher Verhütungsmethoden nicht entscheidend, sondern die Moral. Da Ihre Frage auch einen gewissen Zynismus über die Verlässlichkeit der natürlichen Methoden enthält, sei aber auch darauf hingewiesen, dass in letzter Zeit einige bedenkenswerte Vorteile bekannt wurden. Wenn die natürliche Verhütung richtig erlernt und angewendet wird, so ist die Erfolgsrate sehr hoch. Und auch Menschen, die nicht katholisch sind, finden diese Methode immer attraktiver, da sie nicht die Nachteile künstlicher Verhütungsmethoden – zum Beispiel die Möglichkeit der Nebenwirkungen der Pille – mit sich bringt.

Katholiken und die Pille **Jemand sagte mir neulich, dass man kein Katholik sein kann, wenn man die Pille nimmt. Stimmt das?** Nein! Einige, so wie Ihr Informant, denken, wenn die Kirche lehrt, dass künstliche Verhütung falsch ist, sie Katholiken, die das tun, aus der Kirche ausschließt. Dies widerspricht aber der Natur der Kirche. Wir haben schon mehrere Male darauf hingewiesen, dass die Kirche kein Club von religiösen oder besonders frommen Menschen ist. Sie besteht aus ganz normalen Menschen, die versuchen, Freunde und Nachfolger Christi zu sein, die aber auch oft genug versagen. Aber sie wissen, dass es immer die Vergebung Christi durch die Kirche für sie gibt und dass sie, was auch immer ihre Sünden sein mögen, jedesmal einen neuen Anfang machen können. So wie Christus selbst ist auch die Kirche sehr tolerant gegenüber Sündern.

Dies gilt auch in Bezug auf die Verhütung. Während kein Katholik Teile der katholischen Lehre ablehnen kann oder sagen kann, dass dies in seinem Fall nicht zutrifft, kann es doch auch Umstände geben, in denen ein katholisches Paar sich uneigennützig dazu entscheidet, dass es die Familie nicht weiter vergrößern kann und dass die einzige Möglichkeit dazu die Anwendung von Verhütungsmitteln ist. In solch einer Situation ist diese Entscheidung vertretbar.

Niemand hat dann das Recht, dieses Paar zu richten, dass sie nicht länger Katholiken oder nur noch Katholiken zweiter Klasse sind.

11 Katholiken und Familienleben

Zu Beginn eine Frage: Was wünscht man sich am meisten für seine Kinder? Natürlich beantworten verschiedene Menschen diese Frage auch unterschiedlich …

Also stellen wir uns vor, dass eine gute Fee uns folgendes Angebot macht:

Nun, hier sind die Krüge. Welche drei Gaben würden Sie wählen? Aber alle müssen aus einem Krug sein!

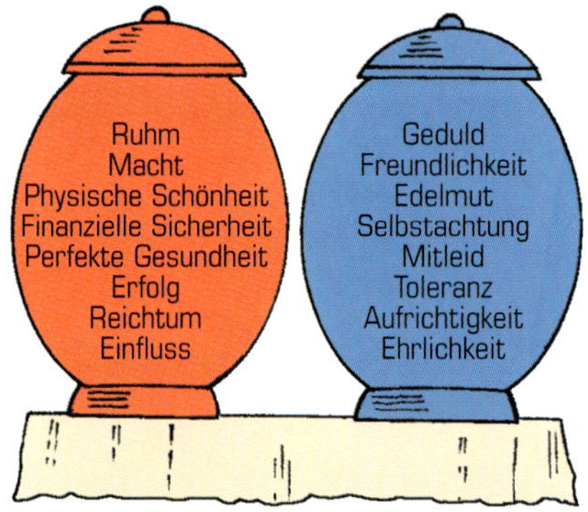

Für viele dieser Gaben sprechen gute Gründe. Herr und Frau Schneider haben sich so entschieden:

Ganz anders haben sich Herr und Frau Gottlieb entschieden.

Und hier die Entscheidung von Herrn und Frau Pfeiffer:

Mit welchem Paar stimmen Sie überein? Was auch immer Sie denken, so haben doch die Pfeiffers einen ziemlich guten Standpunkt. Den Inhalt des roten Kruges kann niemand kontrollieren, aber den Inhalt des blauen schon.

Eltern können mit ihrer Liebe, Sorge, ihrem Einfluß und mit guten Beispielen die Fundamente legen, die ein Kind ermutigen, die Gaben des blauen Kruges selbst zu entwickeln.

Deswegen legt die katholische Kirche auch soviel Wert auf die Bedeutung des Familienlebens. Eine glückliche und gefestigte Familie bietet genau die Atmosphäre, in der ein Kind lernt, sich auf andere zu beziehen: zu sorgen, zu teilen, zu lieben und zu vergeben.

So finden die wichtigsten Momente im Leben eines Kindes nicht in der Schule oder in der Kirche statt, sondern zu Hause. Hier lernen die Kinder, dass sie geliebt und akzeptiert werden. Und dies legt die Basis für das Bild, das sie von sich selbst haben, für ihre Beziehungen zu anderen Menschen und ihre Beziehung zu Gott.
Also sind die Eltern die ersten und wichtigsten Lehrer eines Kindes.

In dieser Rolle haben sie niemals frei. Alles, was sie tun oder sagen, hat einen Einfluss auf ihre Kinder – einen guten oder einen schlechten.

Die Art, wie Eltern miteinander sprechen, wie sie Probleme bewältigen und wie sie ihre Toleranz und Vergebung zeigen, formt also ihr Kind.

Aber es ist auch noch genug Raum um andere Dinge zu lehren, besonders religiöse. Katholiken glauben, dass es wichtig ist, dass ihre Kinder schon früh eine liebende Verbindung zu Gott aufbauen. Dies kann sehr einfach erreicht werden, indem man auf die natürliche Achtung des Kindes für seine Umwelt aufbaut.

Es ist nur ein kleiner Schritt weiter, um ein einfaches Gebet der Bewunderung, Dankbarkeit oder des Lobes zu sprechen. In katholischen Familien werden solche Gebete oft vor dem Schlafengehen gesprochen. Wenn beide Eltern dabei sind, kann dies ein besonderer Moment im Alltag eines Kindes werden.

Katholische Kinder gehen zu ihrer ersten Beichte und zur ersten heiligen Kommunion mit acht oder neun Jahren und sie werden zwischen 12 und 14 gefirmt. Früher wurden sie auf diese Sakramente fast nur im Religionsunterricht vorbereitet. Heutzutage sind die Eltern dazu angehalten, eine viel aktivere Rolle zu spielen. In Elternabenden der Pfarreien werden sie darauf vorbereitet.

Diese Sakramente sind Meilensteine in der religiösen Entwicklung eines Kindes und katholische Eltern tun meist viel dafür, um sie gut darauf vorzubereiten und sie zu unvergesslichen Momenten werden zu lassen.

Die christlichen Hochfeste haben auch eine sehr große Bedeutung im katholischen Familienleben. Katholiken lieben die Fröhlichkeit und sie freuen sich wie jeder andere über einen Feiertag. Aber Feste wie Weihnachten oder Ostern haben noch eine viel tiefere Bedeutung für sie. Der Grund für die Feiern ist ein religiöser und sie wollen das an erster Stelle bedenken.

In unserer Zeit ist es nicht einfach, eine Familie christlich zu erziehen. Die Werte der Konsumgesellschaft sind oft so verschieden von den Werten Jesu Christi. Manchmal fühlt man sich unter Druck, weil man nicht den Lebensstandard erreicht, den man gerne hätte oder seinen Kindern nicht alles kaufen kann. Aber ein viel größeres Geschenk ist die Liebe und Geborgenheit eines glücklichen Zuhauses.

11 Katholiken und Familienleben

> *»Gott kann nicht überall sein, also schuf er Mütter.«*
>
> *Jüdisches Sprichwort*

Kinder aufziehen **Inwieweit erwartet man vom nichtkatholischen Partner, die Kinder katholisch zu erziehen?** Die Verpflichtung liegt in diesem Falle beim katholischen Partner. Der wird freilich dankbar für die moralische Unterstützung sein, die er in Bezug auf die religiöse Erziehung der Kinder erfährt. Es ist auch wichtig, ihren Kindern ihre eigenen Ideen und Vorstellungen zur Religion zu erklären. So lernen sie Verständnis und Toleranz gegenüber anderen Ansichten – ein wichtiger Teil der christlichen Erziehung.

Unfaire Behandlung **Wenn man mit einem Katholiken verheiratet ist, scheint sich das ganze häusliche Leben nach katholischen Prinzipien zu richten. Es scheint, als müsse man dem ständig nachgeben. Ist das gerecht?** Wenn es so ist, wie Sie es beschreiben, ist es nicht gerecht. Katholiken sind dazu angehalten, ehrlich zu versuchen als Christen zu leben. Und als Christ zu leben heisst nicht, die Last auf andere Schultern zu laden und deren Meinung und Ansichten zu ignorieren. Ein Katholik, dessen Partner kein Katholik ist, muss teilweise sehr sensibel damit umgehen.

Ihre Ansichten sollten nicht ignoriert werden und Sie sollten das Ihrem Partner auch klar machen. Versuchen Sie, Ihre Meinungsverschiedenheiten offen zu diskutieren, so dass Ihr Partner auch Ihren Standpunkt versteht.

Taufpaten **Meine Familie ist nicht katholisch, aber ich hätte gerne meine Schwester als Taufpaten für unseren kleinen Sohn. Ist das erlaubt?** Taufpaten stammen aus der Zeit, als viele Menschen zum christlichen Glauben konvertierten und viele davon keine christlichen Eltern hatten. Sie sprachen für den Täufling und halfen ihm im Glauben zu wachsen. Die meisten Eltern wählen aber zwei Taufpaten aus. Sollte dies der Fall sein und ein Taufpate ist katholisch, so wäre es möglich, dass der zweite kein Katholik ist. Voraussetzung ist, ihre Schwester ist selbst getauft und sie ist erwachsen bzw. alt genug, um ihre Rolle zu verstehen.

Häusliche Gebete **Was ist mit »Familiengebeten« gemeint?** Unter »Familiengebet« verstehen wir eine kurze Gebetszeit, in der die ganze Familie ein paar Augenblicke damit verbringt, Gott für ihr Leben und für seine Gaben zu danken. Dabei betet man auch für spezielle Anliegen, die die Familie oder einzelne ihrer Glieder haben. Ein solches Gebet kann in freier, unkomplizierter Sprache geschehen. So wie man miteinander spricht. Gott hört als ein liebender Vater, nicht als ein Despot.

Wer sich lieber an feste Formeln hält oder sich von solchen zumindest anregen lassen möchte, der greife zu einem der zahlreichen Kindergebetbücher, die in katholischen Buchhandlungen oder in der Pfarrei zu erhalten sind. Die beste Zeit für ein solches Gebet ist, wenn alle versammelt sind, zum Beispiel vor dem Einschlafen des Kindes oder nach dem Abendessen.

Katholische Schulen **Fördern wir nicht Missverständnisse und Teilung der Gesellschaft, wenn wir Kinder auf konfessionelle Schulen schicken?** Das war wohl früher nicht selten der Fall. Konfessionelle Schulen förderten mitunter Fanatismus und gegenseitiges Misstrauen. Dabei liegt dem Christentum doch der feste Glaube zugrunde, dass alle Männer und Frauen gleichwertig sind und von Gott gleich geliebt werden. Beim heutigen Stand der ökumenischen (zwischenkirchlichen) Beziehungen, die zu einem guten Teil aus der Erfahrung gemeinsamer Unterdrückung und Not erwuchsen, ist das nicht mehr der Fall. Die konfessionellen Schulen sind in der Regel ökumenisch offen. Eine gute katholische Schule hat ihren Schülern diese Einstellung zu vermitteln. In einer konfessionellen Schule lernt ein Kind außerdem die Traditionen, Bräuche und Überzeugungen der jeweiligen Religion kennen.

Gemeinsame Messen **Ich bin praktizierender Protestant und mein Mann ist Katholik. Ist es ihm erlaubt, regelmäßig an Gottesdiensten in meiner Kirche teilzunehmen?** Ja, das ist es. In einer Mischehe, in der beide Partner aktive Angehörige unterschiedlicher Konfessionen sind, kann der Besuch der jeweils anderen Kirche ein wichtiger Punkt des Teilens und der Einheit im Herzen einer Ehe sein. Im Moment ist aber Interkommunion nicht erlaubt, also darf keiner von ihnen die heilige Kommunion in der Kirche des anderen empfangen. Aber es spricht nichts dagegen, dass ihr Partner an den Gottesdiensten in ihrer Kirche teilnimmt, so lange er seinen katholischen Verpflichtungen nachkommt.

Der Papst und Mischehen **Bei der Familienmesse, die der Papst während seines Besuches in Großbritannien 1982 feierte, sagte er in der Predigt:** »In ihrem Land gibt es viele Ehen zwischen Katholiken und anders getauften Christen. Manchmal haben diese Familien besondere Schwierigkeiten. Zu ihnen sage ich: Sie erleben in ihren Ehen die Hoffnungen und Schwierigkeiten des Weges der christlichen Einheit. Drücken sie diese Hoffnungen zusammen in Gebeten aus, in der Einheit der Liebe. Laden sie zusammen den Heiligen Geist in ihr Herz und in ihr Haus ein. Er wird ihnen helfen, im Vertrauen und Verständnis zu wachsen. Brüder und Schwestern: In euren Herzen herrsche der Friede Christi … Das Wort Christi wohne mit seinem ganzen Reichtum bei euch.« (Kol 3,15f.)

»Es ist einfacher für einen Vater, Kinder zu haben, als für Kinder, einen richtigen Vater zu haben.«

Papst Johannes XXIII.

12 Katholiken und Gebete

Die Vorstellung der meisten Menschen vom Beten stammt noch aus ihrer Kindheit …

Damals enthielten die Gebete meist Wünsche für irgendwelche Dinge …

Gott schien so etwas wie ein himmlischer Weihnachtsmann zu sein…

Das Dumme daran war nur, dass er nicht immer alle Dinge brachte, die man sich von ihm wünschte.

Das ist ein Grund, warum viele Menschen, wenn sie älter werden, aufhören zu beten. Andere beten weiterhin, aber sie bleiben auf ihrem Kinder-Niveau. Sie denken, dass es beim Beten hauptsächlich darum geht, Gott unter Druck zu setzen, endlich ihre Wünsche zu erfüllen.

Der Grund dieser Art des Betens ist eine Vorstellung von Gott als »Extra mächtigem Mann im Himmel«, der über die Welt auf dem Laufenden gehalten werden muss, damit er alle Probleme ausbügeln kann.

In den Kapiteln zwei und drei haben wir versucht zu zeigen, dass dies eine falsche Vorstellung von Gott ist. Jesus sprach von Gott mit ganz anderen Worten – als liebendem Vater, der all unsere Bedürfnisse schon kennt. Und diese Art, über Gott zu denken, liegt im Herzen jedes echten Gebetes.

> Macht euch also keine Sorgen und fragt nicht: Was sollen wir essen? Was sollen wir trinken? Was sollen wir anziehen? …
> Euer himmlischer Vater weiß, dass ihr das alles braucht. Euch aber muss es zuerst um sein Reich und seine Gerechtigkeit gehen; dann wird euch alles andere dazugegeben.
>
> Mt 6,31-36

Echte Gebete basieren auf dem Glauben, dass Gott tief in uns ist. Er ist an unserer Seite, er ist uns nahe und er liebt uns.
Katholiken sollen regelmäßig beten. Nicht nur wenn sie in der Kirche sind, sondern auch zu anderen Zeiten: Zu Hause oder beim Spazierengehen oder an irgendeinem anderen Platz.

In gewisser Weise hat er Recht. Beten wurde auch »Zeit verschwenden mit Gott« genannt. Und das ist eine passende Beschreibung. Es ist ein bisschen wie wenn man verliebt ist.

Wenn man Verliebte fragt, warum sie Zeit zusammen verbringen, werden sie vermutlich sagen …

Sie müssen nicht die ganze Zeit zusammen sein um etwas zu besprechen, sie müssen noch nicht einmal reden. Sie sind einfach nur der Liebe wegen gerne zusammen.

Mit Gebeten ist es dasselbe. Tief im Inneren ist das Beten eine Beziehung. Man will einfach mit Gott zusammen sein. So wie ein heiliger alter Mann es ausdrückte, als er gefragt wurde, wie er betet …

So wird das Beten nicht an seinen Ergebnissen gemessen. Es ist der Wert des Betens an sich, der zählt. Aber sehr oft sprechen Menschen richtig mit Gott. Sie drücken ihre Gedanken, ihre Verehrung, ihre Sorgen wegen ihrer Sünden und ihr Vertrauen aus. Und sie bitten auch um Dinge. Sie wissen, dass Gott keine Informationen braucht. Und sie wissen, dass er keinen Zauberstab schwingt, um ihnen zu geben, was sie wollen. Aber wenn sie bitten, drücken sie ihre komplette Abhängigkeit von Gott für alle Dinge aus.

Menschen, die regelmäßig beten, neigen dazu, mit Gott in einer sehr familiären Art zu sprechen. Sie denken nicht, dass sie die Art Sprache brauchen, die man manchmal in der Kirche hört.

Statt dessen benutzen sie ihre eigenen Worte und sagen, was sie sagen wollen, offen und ehrlich. Und manchmal, wenn sie ärgerlich oder enttäuscht sind, bedeutet das auch, dass sie an Gott herumnörgeln.

Und wenn man sich so fühlt, ist daran nichts falsch.
Etwas anderes, was Menschen beim Beten entdecken ist, dass die Initiative nicht von ihnen selbst ausgeht. Gott wartet nicht darauf, dass jemand betet, so wie jemand am anderen Ende einer Telefonleitung wartet …

Es ist genau anders herum. Die Initiative kommt von Gott. Er ist immer für uns da. Man findet ihn überall in der Welt: in der Natur um uns herum, in anderen Menschen und tief in sich selbst. Wenn jemand betet, so öffnet er sich selbst dem Gott, der schon dort ist und der sich die ganze Zeit selbst anbietet.

Eigentlich ist es das Gegenteil. Im Gebet erforschen Menschen die Tiefen ihres Lebens, sie entdecken besser, wer sie eigentlich sind und wo ihr Platz in der Welt ist. Im Gebet öffnen und vereinen sie sich mit der Liebe, die die Quelle aller Realität ist, und lernen, diese Liebe mit anderen zu teilen.

12 Katholiken und Gebete

»Gebete vergrößern das Herz bis es groß genug ist, Gottes Geschenk, ihn selbst, aufzunehmen.«

Mutter Teresa

Gott weiß es **Wenn Gott alles weiß, warum sollen wir dann in unseren Anliegen beten?** Wie beten, weil wir das müssen, nicht weil Gott unsere Nöte und Sorgen nicht kennt. Gott lädt uns immer wieder ein, seine Gaben und seine Liebe zu akzeptieren, aber wir merken das oft nicht. Durch Gebete wächst unsere Fähigkeit, seinen Schutz zu bemerken und wir lernen auf seine Einladung zu antworten. Wir fangen an, unsere Abhängigkeit zu bemerken und fühlen uns zu ihm hingezogen. Unsere Gebete zeigen uns, wo wir vor Gott stehen. Wenn wir einfach nur um Dinge bitten, so sind wir kindisch und versuchen nur, Gott als eine Art Geldautomat anzusehen. Wenn wir aber unser Leben, unsere Erfahrungen und Gefühle mit ihm teilen, kann ein tiefes Vertrauen wachsen. Dann braucht man keinen Wunschzettel. Er wird durch den Glauben ersetzt, dass unser himmlischer Vater weiß, was das Beste für uns ist. Er sieht unseren Gebeten entgegen und berücksichtigt sie. Er kennt unser Herz und er kann seine Gaben mit unseren wirklichen Bedürfnissen vereinen.

Die Verstorbenen **Worin liegt der Sinn, für die Verstorbenen zu beten?** Katholiken beten für die Toten, weil sie denken, dass wir alle Mitglieder der großen Familie Gottes sind. Das bedeutet, dass man sich umeinander kümmert. Diese Sorge und Einheit wird beim Gebet für die Verstorbenen deutlich. Wir können niemanden vor Gott richten, weil wir nur seine äußere Gestalt kennen. Wenn also jemand stirbt, so beten die Katholiken für ihn oder sie, damit er ganz mit Gott vereint wird in Frieden und ewigem Leben. Diese Gebete helfen auch den Hinterbliebenen, die in diesen schwierigen Zeiten die Sorge ihrer christlichen Brüder und Schwestern erfahren.

Beten zu Maria **Warum beten Katholiken zur Mutter Gottes? Warum können sie nicht direkt zu Gott beten?** Katholiken können direkt zu Gott beten und tun dies auch. Aber sie senden auch Gebete an Maria, die Mutter Jesu. Aber sie beten nicht in der gleichen Art zu Maria, wie sie zu Gott beten. Gebete an Gott sind Anbetungen, und nur Gott kann angebetet werden. Katholiken beten Maria nicht an. Wenn sie zu ihr beten, so bitten sie sie, bei Jesus für sie einzutreten. Daran ist nichts Ungewöhnliches. Wir bitten oft unsere Verwandten und Freunde für uns zu beten oder um irgendeine Fürsprache: »Lege bitte ein gutes Wort für mich ein.« Katholiken glauben, dass Marias Vermittlung

Warum zu den Heiligen beten? Ein Christ ohne Gemeinschaft ist ein Widerspruch in sich. Christen sind vor allem eine gläubige Familie. Sie werden Mitglieder dieser Familie bei ihrer Taufe – und das ist auch die eigentliche Bedeutung des Wortes »Heiliger«. Es heißt einfach »getauft«. Später bezeichnete das Wort besonders vorbildliche Christen, die nach ihrem Tod verehrt wurden und unvergessen blieben. In der frühesten Zeit vor allem die Martyrer.
Wenn Katholiken von der »Gemeinschaft der Heiligen« sprechen, so benutzen sie das Wort in seiner ursprünglichen Bedeutung – sie meinen alle Getauften – die, die am Leben sind und die, die von dieser Welt gegangen sind und nun mit Christus leben. Der Tod zerstört unsere Einheit mit den Christen, die vor uns gestorben sind, nicht. Wir bleiben Mitglieder einer Familie, weil wir alle das Leben Christi teilen. Deshalb können Christen die Heiligen im Himmel bitten, für sie zu beten, für sie Fürsprache einzulegen.

aufgrund ihrer speziellen Beziehung zu Jesus und der Aufgabe, die sie von Gott bekam um unsere Erlösung zu ermöglichen, sehr wertvoll ist. Bei der Hochzeit zu Kana (zu finden im zweiten Kapitel des Johannesevangeliums) war sie es, die zu Jesus sagte: »Sie haben keinen Wein.« Und dies veranlasste Jesus zu seinem ersten Wunder. In der gleichen Weise bitten Katholiken, dass Maria Jesus von ihren Nöten erzählt.

Katholiken sehen Maria als ihre geistige Mutter an, aber diese Ehrung kommt ihr nicht aufgrund ihrer eigenen Leistungen zu, sondern aufgrund ihrer speziellen Beziehung zu Jesus, ihrem Sohn.

Vergötterung **Warum beten die Christen zu Statuen, Kreuzen und Heiligenbildern. Ist dies nicht eine Art Vergötterung?** Katholiken benutzen Statuen, Kreuze und Heiligenbilder als Erinnerungszeichen dafür, was Jesus Christus für uns getan hat oder um den Geist eines Heiligen, dessen Leben ein Vorbild ist, in die Kirche zu bringen. Sie beten nicht zu Statuen oder Bildern und sie beten sie nicht an.

So wie Menschen Bilder und Erinnerungen von geliebten Menschen aufheben, so haben Katholiken gerne Objekte um sich, die sie an Jesus, Maria oder an Heilige erinnern. Wir sind Menschen aus Fleisch und Blut und keine körperlosen Seelen; so kann ein physischer Gegenstand uns sehr gut an unsere seelische Seite erinnern. Man kann den Gebrauch von Statuen und Bildern natürlich auch übertreiben und vereinzelt grenzt das schon fast an Aberglaube. Aber solche Fälle werden von der Kirche nicht gern gesehen und sie geben auch nicht die Einstellung der meisten Christen zum Gebrauch solcher visueller Hilfen wieder.

»Das Ziel des Betens ist es, Gott zu begegnen. Wir beten nicht wirklich bevor wir uns nicht klar werden, dass er bei uns ist, und unsere Welt und uns mit seinen Augen sieht. Zu beten, indem man vor der Welt und vor den Menschen flieht hieße, vor Gott zu fliehen.« Hubert Richards

12 Katholiken und Gebete

»Jesus aber rief die Kinder zu sich und sagte: ›Lasst die Kinder zu mir kommen; hindert sie nicht daran! Denn Menschen wie ihnen gehört das Reich Gottes. Amen, das sage ich euch: Wer das Reich Gottes nicht so annimmt wie ein Kind, der wird nicht hineinkommen.‹ «

Lukasevangelium 18,16-17

Der Rosenkranz **Was ist der Sinn, die gleichen alten Worte immer und immer wieder zu wiederholen, so wie Katholiken es beim Rosenkranz oder einigen anderen ihrer Gebete tun?** Die Wiederholung von Gebeten ist eine Hilfe beim Konzentrieren. Es ist schwer still zu sitzen und über Gott nachzudenken. Ablenkungen und Ängste stören uns. Wenn man ein kurzen Gebet wiederholt, so hilft das, die Aufmerksamkeit zu sammeln und den Geist zu beruhigen. Es ist wie ein kleines Kind, das auf dem Schoß seiner Mutter schaukelt und dabei immer »Mami, Mami« sagt. Es konzentriert sich darauf, mit seiner Mutter zusammen zu sein und drückt dies einfach durch diese Worte aus. Die Benutzung von Mantras in einigen östlichen Religionen dient oft dem gleichen Zweck.

Alltagsleben **Was unterscheidet den Katholiken im alltäglichen Leben von anderen Menschen?** Die meisten Katholiken sind vernünftige und normale Menschen und ihr Alltag unterscheidet sich nicht merklich von dem ihrer Nachbarn. Ihre Entscheidung, Jesus Christus nachzufolgen, hat nicht zur Folge, dass »seltsame Dinge vorgehen«. Es ist die Entscheidung, als Freund und Nachfolger Christi gerade im täglichen Leben zu leben. Mit andern Worten ist ihr Glaube nichts, was zu ihrem Leben dazukommt, sondern ihr Leben selbst. Das heißt nicht, dass sie Heiligenfiguren sind – weit gefehlt. So wie jeder andere haben auch Katholiken ihre Höhen und Tiefen, ihre Erfolge und ihre Niederlagen. Aber sie versuchen ihr Leben an Christi Lehren auszurichten – besonders der Lehre, sich gegenseitig zu lieben.

Unglaublicher Glaube **Warum glauben Katholiken, dass die Dinge, an die sie glauben, tatsächlich wahr sind?** Katholiken sind der festen Überzeugung, dass ihr Glauben wahr ist, weil er auf einem gesunden und vernünftigen Fundament steht. Man erwartet nicht von allen Katholiken, dass sie auch Theologen und Experten in Kirchengeschichte sind und zu allen Fragen über ihre Religion eine exakte Antwort liefern können. Aber es ist ein Fehler zu denken, dass Menschen mit religiösen Überzeugungen leichtgläubig sind.

Komplizierter Glaube **Der katholische Glaube scheint mir sehr kompliziert. Muss ich alle Lehrsätze und Regeln kennen?** Es stimmt, dass der katholische Glaube einem Außenstehenden sehr kompliziert erscheinen kann. Aber Katholiken sehen ihn nicht als lange Liste von Lehrsätzen, die sie auswendig lernen müssen, und auch nicht als großes Buch mit Regeln, die befolgt werden müssen. Das zentrale Anliegen der Katholiken unterscheidet sich nicht von dem anderer Christen.

Ihr Glaube könnte folgendermaßen zusammengefasst werden: Gott hat sich in Jesus Christus selbst gezeigt und hergegeben. Jesus starb am Kreuz um uns von der Sünde zu retten und um Vergebung für uns zu gewinnen. Er erstand von den Toten und lebt nun durch seinen Geist weiter in der Gemeinschaft der Gläubigen, der Kirche. Als seine Nachfolger versuchen wir seinen Weg zu gehen, indem wir ein Leben der Liebe und des Dienens leben.

Alle anderen Lehren und Praktiken der Kirche stammen von dieser Lehre ab und beziehen ihre Bedeutung daraus. Um es klar auszudrücken, müssen Sie nichts über den katholischen Glauben auswendig lernen. Aber wenn sie mit dieser Hauptdoktrin vertraut sind, so werden sie schrittweise auch mit den anderen Aspekten des katholischen Glaubens vertraut, allein schon durch den Umgang mit anderen Katholiken.

13 Porträt eines Katholiken

Wir haben uns jetzt die zentralen Glaubensthemen von Katholiken angesehen und wir haben von Dingen erzählt, die Katholiken als Resultat daraus tun. In diesem Teil versuchen wir ein Bild von einem Katholiken aufzuzeigen, indem wir ein Interview mit unserem Freund Fred aus dem Kapitel 5 führen.

Unsere erste Frage ist: Welchen Einfluss hat dein katholischer Glaube für dein Leben?

In Kapitel fünf haben wir von einer schlimmen Zeit in deinem Leben gehört, als du versucht hast, ein Top-Manager zu werden und dabei fast deine Ehe ruiniert hast. Wie passt das zu deinem Glauben?

Hältst du es für eine Art religiöse Erfahrung?

Und deine Frau Sue hatte aber auch einiges damit zu tun, oder?

Dieser ganze Vorfall hat offensichtlich einen großen Einfluss auf dich. Denkst du, das hat dich zu einem besseren Katholiken gemacht?

Und was meintest du damit, dass du ein besserer Mensch geworden bist?

Hattest du je Zweifel an deinem Glauben?

Gibt es da einen Unterschied?

Du meinst also, dass dein Glauben sich auch ändern kann?

Macht diese Ansicht dein Leben einfacher oder schwieriger?

Aber vermutlich ist es ja nicht nur wichtig, dass du die Hilfe der anderen bekommst, sondern auch, dass du selbst anderen hilfst?

Du sollst also nicht nur Katholiken lieben?

Du sprichst sehr offen von deinen Überzeugungen. Würdest du sagen, dass die Religion einen großen Unterschied in deinem Leben bewirkt?

Kannst du erklären, was dieser Unterschied ist?

Fred, kannst du abschließend versuchen, das Wesen des Glaubens, so wie du ihn siehst, in Worte zu fassen?

14 Wörterbuch katholischer Begriffe

Ablass In der frühen Kirche mussten Sünder für schwere Sünden verschieden lange öffentliche Bußen auf sich nehmen, bevor sie die Lossprechung erhielten und wieder in die Gemeinschaft der Kirche aufgenommen wurden. Wenn ein Mitchrist, der in der Zeit der Verfolgung um des Glaubens willen gelitten hatte, Fürbitte für einen Sünder einlegte, konnte diesem die Buße erlassen oder verringert werden. Solchen Nachlass öffentlicher Bußwerke – also nicht den Nachlass der Sünden! – nannte man später Ablass. Diese Praxis wurde unter Berufung auf die Verdienste Jesu Christi und der Heiligen verallgemeinert. Es wurde zu einer frommen Übung, für die eigenen Sünden allgemein und für die Armen Seelen im Fegefeuer (um die Zeit ihrer Läuterung abzukürzen) Ablässe zu gewinnen. Im Mittelalter kam es zu schlimmen Entartungen des Ablasswesens. Man übersah, dass der Ablass nur die Strafe für bereute und vergebene Sünden betrifft, nicht die Vergebung der Sünden an sich. Dazu kam die Verbindung mit Geldzahlungen als Bußwerk. Das war einer der äußeren Anlässe für die Reformation.

Advent (lat. Ankunft) Vierwöchige Vorbereitungszeit auf Weihnachten. Sie erinnert an das Warten auf den Messias und auf die Wiederkunft Christi am Jüngsten Tag. Mit vielen Bräuchen und reichem Liedgut verbunden.

Allerheiligen Ein österliches Fest; seit dem 9. Jh. in der Westkirche am 1. Nov. begangen. Gedacht wird aller – bekannter und unbekannter – Heiligen, d. h. aller, die ihre Vollendung bei Gott gefunden haben.

Allerheiligstes Eine Bezeichnung für die konsekrierte Hostie, das eucharistische Sakrament.

Allerseelen Liturgisch (hl. Messe und Gebet) und in volkstümlichen Bräuchen (Grabbesuch, Grabschmuck, Kerze am Grab, Gräbersegnung) begangener Gedenktag für die Verstorbenen, bekannte und unbekannte, am 2. Nov.

Altes Testament (AT) Die 45 Bücher der Bibel, welche das Christentum von dem Judentum übernommen hat, Entstehungszeit 1. Jahrtausend vor Chr. Das AT umfasst 3 Teile: Pentateuch (5 Bücher Mose), Propheten (4 große, 12 kleine), Schriften (Geschichte des Volkes, Bücher der Lebensweisheiten, Psalmen).

Angelus (lat. Engel) Aufruf zum Gebet durch das Läuten der Kirchenglocken um 6, 12 und 18 Uhr. Das Gebet beginnt: »Der Engel des Herrn brachte Maria die Botschaft …«, latein.: »Angelus Domini ...«

Apostolat Ursprünglich der Auftrag Christi an die Apostel, seine Botschaft zu verkünden, heute das Wirken des Klerus in diesem Sinn und besonders kirchlich beauftragter Laien sowie das Laienapostolat aller Christen, zu dem sie durch Taufe und Firmung berufen sind. Das A. wird ausgeübt durch Beispiel, Belehrung, Werke der Liebe, Gebet und Opfer.

Aschermittwoch Erster Tag der 40-tägigen Fastenzeit. Die Katholiken lassen sich im Gottesdienst als Zeichen der Reue mit Asche ein Kreuz auf die Stirn zeichnen. Der A. ist Fast- und Abstinenztag (von lat. abstinentia = Enthaltsamkeit, hier: Enthaltung von Fleischspeisen).

Auferstehung des Leibes Als Folge der Auferstehung Jesu erwarten die Christen am Ende der Zeiten die Auferstehung der Erlösten mit Leib und Seele, um auf immer bei Gott zu leben.

Aufnahme Mariens in den Himmel Als erste der Erlösten wurde die Gottesmutter Maria in den Raum Gottes aufgenommen. Das wird am 15. August gefeiert.

Ave Maria Lateinischer Beginn des Mariengebetes »Gegrüßet seist du, Maria«. Siehe dort.

Beichtvater Der Priester, der die Beichte hört, d.h. das Bußsakrament spendet.

Die folgende Liste ist keinesfalls umfassend. Aber sie enthält einige Begriffe und Aussagen, denen man mit Sicherheit begegnet, wenn man sich mit dem katholischen Glauben befasst.

Berufung Der Ruf durch Gott zu einem Leben der Liebe, des Dienstes und der Heiligkeit an alle Christen, in einem speziellen Sinn die B. zum Priesteramt oder einem Leben in einem religiösen Orden.

Bibel (von griech. biblos = beschriebenes Blatt, Buchrolle) Es ist die Sammlung aller in den Kanon des AT und NT aufgenommenen Schriften, in denen die fortschreitende Geschichte Gottes mit den Menschen aufgeschrieben wurde.

Brevier (lat. brevis = kurz) Das Buch, das die Pflichtgebete (Stundengebet) des kath. Priesters enthält, auch Stundenbuch genannt.

Bußsakrament Sakrament der Kirche, in dem durch den Spruch des Priesters (Absolution) auf Grund der Vollmacht Jesu Christi dem bereuenden Sünder die Schuld der nach der Taufe begangenen Sünden erlassen wird.

Charismatische Erneuerung Gruppen in der Kirche, die sich in dem Gedanken zusammenfinden, dass Gottes Geist Gemeinschaft schafft. Sie übernahmen wichtige Anstöße von der evang. Kirche, bes. von den sog. Pfingstkirchen. Sie legen bes. Wert auf die geistlichen Entwicklungen in der Kirche: liturgische Bewegung, Bibelbewegung, ökumenische Bewegung, gemeinsames Priestertum aller Gläubigen, Erfahrung des charismatischen Reichtums der Kirche.

Chrisam Das Gemisch aus Olivenöl und Balsam wird am Gründonnerstag in der sog. Chrisammesse vom Bischof geweiht. Es wird u. a. bei der Taufe und der Firmung verwendet.

Dekanat (von griech. deka = zehn) Zusammenschluss mehrerer (eigentlich zehn) Pfarreien eines Bistums (Diözese) unter Leitung des von den Pfarrern gewählten Dekans.

Diözese oder Bistum Die einem Bischof unterstellte Ortskirche, zumeist nach dem Bischofssitz benannt. Die kath. Kirche in Deutschland besteht aus 27 Diözesen.

Dispens Befreiung von der Verpflichtung eines Kirchengesetzes aus einem bestimmten Grund für einen bestimmten Fall durch den kirchlichen Gesetzgeber oder den von ihm dazu Bevollmächtigten.

Dogma (griech. = Verordnung, Satzung) Ein für die Kirche verpflichtender Glaubenssatz über eine durch die Bibel oder die Tradition von Gott geoffenbarte Wahrheit in der vom Papst oder einem allgemeinen Konzil verkündeten Form.

Ehehindernis Eine Eigenschaft, die einem oder beiden Partnern anhaftet, die keine gültige Ehe zustandekommen lässt. E. göttlichen Rechts, bestehendes Eheband, Blutsverwandtschaft in gerader Linie, bestehen grundsätzlich. Von E. kirchlichen Rechts kann u. U. dispensiert werden, z. B. Schwägerschaft, Diakonats- oder Priesterweihe, Bekenntnisverschiedenheit.

Engel (lat. = Bote) Er trägt die Botschaft Gottes zu den Menschen. Im NT auch literarisches Stilmittel: wo Gottes Eingreifen in die Geschichte gedeutet werden soll, tritt ein Engel auf.

Enzyklika (griech. = Rundschreiben) Brief des Papstes, zumeist zu Themen des Glaubens oder des sittlichen Lebens. E.n sind Ausdruck seiner »ordentlichen« Lehrgewalt, jedoch keine unfehlbaren Lehrentscheidungen. Sie werden nach ihren Anfangsworten benannt.

Epiphanie (griech. = Offenbarwerdung, Erscheinung) Fest der drei Sterndeuter (drei Weisen, drei Könige) aus dem Osten, die nach Mt 2,1–12 das Jesuskind verehren, gefeiert am 6. Januar.

Eucharistie (griech. = Danksagung) Bezeichnung des

sonntäglichen Gottesdienstes. Im Gedächtnis an das Letzte Abendmahl Jesu wird sein Tod und seine Auferstehung gegenwärtig gesetzt, auch hl. Messe.

Evangelium (griech. = gute Botschaft) Die »frohe Botschaft« von Jesus Christus, aufgezeichnet von den Evangelisten Matthäus, Markus, Lukas und Johannes.

Ewiges Licht Kleines Öllicht oder Lampe in der Nähe des Tabernakels, die als Hinweis auf Jesu Gegenwart dauernd leuchtet.

Exkommunikation Ausschluss aus der kirchlichen Gemeinschaft auf Grund eines schweren Vergehens gegen die Lehre oder das Gesetz der Kirche. Die E. schließt aus: Teilnahme am Gottesdienst, Empfang eines Sakramentes, kirchliches Begräbnis.

Fastenzeit Die F. oder österliche Bußzeit dauert von Aschermittwoch bis Ostern, also 40 Tage, wobei die Sonntage ausgenommen bleiben. Sie ist eine Zeit der Vorbereitung auf Ostern durch Buße und Selbstbeherrschung.

Fegefeuer (von mittelhochdeutsch vegen = reinigen) Zustand bzw. Ort, an dem der Verstorbene, die »arme Seele«, vor der Erlangung der Schau Gottes von lässlichen Sünden geläutert wird. Er hat zwar die innerste Grundentscheidung für Gott gefällt, diese hat aber oft noch nicht alle Schichten seines Wesens erreicht. Es gibt noch unintegrierte Bereiche. Die Hineinnahme des ganzen Seins des Menschen in die Entscheidung für Gott muss Widerstände überwinden, die als Folge eigener Sünden aufgebaut worden sind. Die Läuterung ist also beschwerlich und wird als leidvoll erfahren. Wie lange ein solcher Läuterungsprozess dauert oder ob der Verstorbene in der Sehnsucht nach Gott diesen Integrationsprozess in einem Nu erlebt, wissen wir nicht. Es ist aber auch nicht entscheidend, dies zu wissen.

Fürbitten Gebete, die in der hl. Messe nach dem Glaubensbekenntnis für die Anliegen der Kirche und der Welt oder für Einzelne gesprochen werden. Auch als »Gebet der Gläubigen« bezeichnet.

Gegrüßet seist du, Maria Das verbreitetste Gebet an Maria. Es enthält den Gruß des Engels an Maria (Lk 1,28), den Gruß Elisabeths beim Besuch Mariens (Lk 1,42) und eine angehängte Bitte, für uns zu beten: Gegrüßet seist du, Maria, voll der Gnade. Der Herr ist mit dir. Du bist gebenedeit unter den Frauen und gebenedeit ist die Frucht deines Leibes, Jesus. Heilige Maria, Mutter Gottes, bitte für uns Sünder, jetzt und in der Stunde unseres Todes. Amen.

Gelübde Das Versprechen der Ordensleute – Gott und dem Orden gegenüber –, ihr Leben in Armut, Ehelosigkeit und Gehorsam (gegen Gott und die Ordensoberen) zu führen. Man unterscheidet zeitliche G. (für eine bestimmte im voraus festgelegte Zeit geltend) und die auf Lebenszeit geltenden ewigen G.

Gemeinderat oder Pfarrgemeinderat Die von der Gemeinde gewählten Vertreter, die sich, zusammen mit dem Pfarrer, um die Belange der Gemeinde kümmern.

Glaubensbekenntnis Formelhafte Zusammenstellung der wichtigsten Glaubensinhalte des christlichen Glaubens. Es ist zuerst Lobpreis Gottes und Dank für seine Taten, danach ein »Inhaltskatalog«. Es ist entstanden in der Taufliturgie, bei der der Täufer den Glauben des Täuflings erfragt. Die Formulierung des Glaubensbekenntnisses der hl. Messe, des Credo, geht auf die Konzilien von Nicäa (325) und Konstantinopel (381) zurück.

Habit (von lat. habitus = Haltung, Tracht, Kleidung) Bezeichnung für die Ordenskleidung.

Häresie (von griech. haireomai = auswählen, vorziehen) Von der Lehre der Kirche abweichende Glaubenslehre oder Irrlehre. Sie leugnet ein oder mehrere Dogmen.

Heiligsprechung Feierliche und endgültige Erklärung des Papstes über die Heiligkeit eines Verstorbenen oder seinen Martyrertod sowie über seine Verklärung bei Gott. Der Heilige wird in das Verzeichnis der Heiligen (lat. canon) eingeschriebenen, daher auch Kanonisation. Er darf damit in der ganzen Kirche öffentlich geehrt werden. Der H. geht ein sorgfältiger kirchlicher Untersuchungsprozess über mehrere Instanzen voraus. Eine Vorstufe der H. ist die Seligsprechung.

Hierarchie (von griech. hierá archä = heilige Ordnung, heilige Herrschaft) Die priesterliche Rangordnung in der kath. Kirche: Diakon, Priester, Bischof, Papst.

Himmelfahrt H. ist kein Begriff der Raumfahrt, sondern des Glaubens. H. bedeutet, dass Jesus als erster Mensch in der endgültigen Gemeinschaft mit Gott lebt. Die Bibel schildert diese Aufnahme zum Vater als Aufnahme in eine Wolke (Apg 1,9). Im Kirchenjahr wird das Fest Christi Himmelfahrt am 40. Tag nach Ostern gefeiert.

Hirtenbrief Brief des Bischofs an die Gemeinden seines Bistums. Ein H. wird meist in der hl. Messe (anstelle der Predigt) verlesen.

Hochzeitsmesse oder Brautmesse Hl. Messe, in welcher nach der Homilie (=Predigt) die Trauung stattfindet. Eine solche ist bei rein katholischen Ehen üblich, jedoch zur Gültigkeit nicht erforderlich. Die Brautleute können entscheiden, ob ihre Trauung innerhalb oder außerhalb einer hl. Messe stattfindet.

Hölle Das biblische Wort für den Ort der ewigen Verdammnis (auch Scheol oder Gehenna) greift die Vorstellung einer Unterwelt auf, wie sie dem altorientalischen Weltbild entspricht. Gott will die Hölle nicht. Der Mensch bereitet sie sich selbst, wenn er bewusst und ausdrücklich ablehnt, was Gott ihm schenken will. Die Vorstellung des »Feuers« in den Evangelien ist der menschliche Versuch, die erschreckende Wirklichkeit, ohne Gott zu leben, zu illustrieren.

Homilie (von griech. homilein = vertraulich reden) Die Auslegung einer Schriftlesung in der hl. Messe. Die H. ist die von der Kirche gewünschte Form der sonntäglichen Ansprache (Predigt) im Gottesdienst.

Hostie (lat. hostia = Opfergabe) Als kleine Scheibe gebackenes Weizenbrot (Oblate), die bei der Feier der Eucharistie in den Leib Christi konsekriert (verwandelt) wird und welche die Gläubigen in der hl. Kommunion empfangen.

Hostienschale Flaches schüssel- oder kelchförmiges Gefäß, in welchem sich die Hostien während der Eucharistiefeier befinden und aus welchem sie bei der hl. Kommunion ausgeteilt werden.

IHS Christusmonogramm aus den ersten drei Buchstaben des Namens Jesus. H = griechisches Zeichen für den Buchstaben E.

Ikone (griech. = Bild) Darstellung Christi, auch Marias und der Heiligen oder der atl. Propheten in der ostkirchlichen Kunst, zumeist auf Holztafeln gemalt, oft mit Silber und Edelsteinen verziert.

Inkarnation (abgeleitet von lat. caro = Fleisch) Theologischer Begriff für die Geburt Jesu, der aus der Jungfrau Maria geboren wird. Der Sohn Gottes geht ein in die Hinfälligkeit und Schwachheit eines menschlichen Lebens.

INRI Lateinische Inschrift, die Pilatus an das Kreuz Jesu nageln ließ: Jesus Nazarenus Rex Judaeorum (Jesus von Nazaret, König der Juden; Joh 19,19–22).

14 Wörterbuch katholischer Begriffe

Jesus Griechische Umschreibung des hebräischen jeschua = Jahwe ist Hilfe.

Jungfrauengeburt Jesu Geburt aus einer Jungfrau wird als ein von Gott gewirktes Wunder dargestellt: Maria, die leibliche Mutter, und Gott, der himmlische Vater. So wollen die Evangelisten in der Kindheitsgeschichte von Anfang an Jesu Existenz als wahrer Menschen und wahrer Gott ausweisen. Naturwissenschaftliche Aussagen über eine Jungfrauengeburt wollten sie nicht machen.

Jüngstes Gericht Auch allgemeines oder letztes Gericht. Christus wird bei seiner Wiederkunft am Jüngsten Tag die Welt richten und danach Gottes Herrschaft endgültig aufrichten.

Karwoche (von althochdeutsch kara = Sorge, Kummer) Die letzte Woche der Fastenzeit, von Palmsonntag bis Karsamstag.

Katechet(in) Ein von der Kirche bestellter und entsprechend ausgebildeter Laie, seine Aufgaben sind die religiöse Unterweisung von Kindern und Jugendlichen, die Einführung in die Sakramente sowie Elternabende. Dies nicht als bloße Wissensvermittlung, sondern in Verbindung mit dem Leben mit der Kirche.

Katechismus Buch der kirchlichen Glaubensunterweisung, früher in Frage-Antwort-Form, heute in zusammenhängender Darstellung des Lehrgutes. Seine Hauptteile sind: die Gotteslehre, die Lehre über Christus, die Lehre von der Kirche und den Sakramenten, die Lehre vom christlichen Leben und seiner Vollendung.

Kelch Das Trinkgefäß, das bei der hl. Messe den Wein, bzw. das Blut Christi enthält.

Kirchenjahr Es beginnt – entgegen dem bürgerlichen Jahr – mit dem 1. Adventssonntag und endet mit dem Christkönigsfest. In ihm werden die Heilsgeheimnisse gefeiert: Die 4 Wochen der Adventszeit sollen auf das Kommen des Herrn – zu Weihnachten und zum Jüngsten Gericht – vorbereiten. Die Geburt des Herrn, Weihnachten (25.12.) wird bis zum Fest Epiphanie (6.1.) gefeiert. Das höchste Fest des K. ist Ostern. Es wird vorbereitet durch die 40 Tage der österlichen Bußzeit (Fastenzeit), beginnend am Aschermittwoch (die Sonntage sind ausgenommen). Das Osterfest dauert 8 Tage (Oktav), die Osterfestzeit bis Pfingsten. Die Sonntage zwischen Epiphanie und Fastenzeit sowie zwischen Pfingsten und dem Christkönigsfest werden als »Sonntage im Jahreskreis« gezählt. Innerhalb des K. werden die anderen Christusfeste sowie die Gedenk- und Feiertage der Heiligen gefeiert.

Klausur (von lat. claudo = abschließen) Die Abgrenzung der internen Klosterräume gegen den freien Verkehr mit der Außenwelt. Davon abgeleitet ist das Wort »Kloster«.

Klerus (griech. = Los, Anteil) Sammelbegriff für alle sakramental Geweihten: Diakone, Priester, Bischöfe.

Kniebeuge Bei Katholiken Zeichen der Verehrung und der Anbetung Jesu Christi sowie Ausdruck ihres Glaubens an die Gegenwart Christi in der Gestalt des eucharistischen Brotes.

Kommunion (von lat. communio = Vereinigung) Empfang der hl. Eucharistie, auch andere Bezeichnung für diese selbst. K. unter beiden Gestalten: Austeilung der hl. Kommunion in Form von Brot und Wein.

Konklave (lat. = abgeschlossener Raum) Die Kardinalsversammlung zur Papstwahl geschieht unter Ausschluss der Öffentlichkeit.

Konsekration (von lat. consecratio = Heiligung) Die Wandlung der zum Altar gebrachten Gaben Brot und Wein in der Eucharistiefeier zum Leib und Blut Christi. Auch die vom Bischof vorgenommene Weihe einer Kirche oder eines Kelches, bei der er das geweihte Chrisamöl benutzt. Eine solche K. bedeutet die Aussonderung aus dem profanen Gebrauch.

Kreuzweg Seit dem Mittelalter an Wegen und in Kirchen. In 14 Bildern (Stationen) wird das Leiden Jesu von der Gefangennahme bis zur Grablegung dargestellt. Mitunter wird als 15. Station die Auferstehung angefügt.

Kreuzzeichen Segensgestus, bei dem der Christ das Zeichen des Kreuzes über sich selbst, über andere Menschen oder über Dinge, die ihm wichtig sind, macht. Dabei wird mit der rechten Hand zuerst der Längsbalken von der Stirn zur Brust nachgezeichnet, dann der Querbalken von der linken Schulter zur rechten. Dazu wird gesprochen: »In Namen des Vaters und des Sohnes und des Heiligen Geistes. Amen.«

Kruzifix Ein Kreuz mit der Figur des gekreuzigten Jesus.

Kyrie eleison (griech. = Herr, erbarme dich) Ein alter Anruf Jesu, der in viele Sprachen unübersetzt übernommen wurde. Auch in manchem Kirchenlied.

Laie (von griech. laos = Volk) Mitglied der Kirche, das nicht dem Klerus oder einem Orden angehört.

Laienapostolat (von griech. apostolos = mit einer Sendung Beauftragter) Durch Taufe und Firmung ist jeder Christ mitverantwortlich für die Kirche und ihre Sendung in die Welt. Daher stehen ihm auch Beratung und Mitsprache bei dieser Aufgabe zu. Bes. Bereiche des L. sind: Zeugnis für den Glauben und Glaubensverkündigung, Mitarbeit in der Pfarrgemeinde, Aufgaben im Gottesdienst, caritative Tätigkeiten.

Lässliche Sünde Eine Sünde, die nicht so ernst ist, dass sie von Gott trennt, auch Wundsünde genannt. Ihre Vergebung geschieht durch die Bitte um Verzeihung an den Geschädigten oder Beleidigten, durch die Mitfeier der hl. Messe, die mit einem Bußakt beginnt, durch Lesen der Hl. Schrift und gute Werke (Fasten, Almosen) sowie durch die Neuausrichtung auf Gott in der Gewissenserforschung. Sie wird aber auch im Bußsakrament bekannt und nachgelassen.

Lektor Er trägt im Gottesdienst die Lesungen, jedoch nicht das Evangelium vor.

Letztes Abendmahl Das Mahl, das Jesus mit seinen Jüngern in der Nacht vor seinem Leiden hielt. Dabei setzte er die Eucharistie ein.

Litanei (von griech. litai = bitten) Ein Bittgebet, bei dem die Gemeinde mit einem immer gleichlautenden Bittruf (z. B. Erbarme dich unser) auf den Ruf eines Vorbeters antwortet.

Liturgie (von griech. leiton ergon = Dienst am Volk) Das gesamte gottesdienstliche Tun in der Kirche.

Maiandacht Andacht im Monat Mai, die bes. der Verehrung der Gottesmutter Maria gewidmet ist.

Märtyer (von griech. martys = Zeuge) Ein Christ, der wegen seines Tat- und Wortzeugnisses sein Leben verlor.

Mischehe Die Ehe zwischen einem Christen und einem Ungetauften (religionsverschiedene Ehe) und die Ehe zwischen Christen verschiedener Konfessionen (konfessionsverschiedene Ehe). Ohne Dispens ist nach kirchlichem Recht die religionsverschiedene Ehe ungültig, die konfessionsverschiedene Ehe unerlaubt. Voraussetzung für die Dispens ist das Versprechen des katholischen Partners, seinem Glauben treu zu bleiben und die Bereitschaft, die Kinder aus dieser Ehe katholisch zu erziehen.

Neues Testament (NT) Bezeichnung für die Sammlung

frühchristlicher Schriften, die von der Kirche als Zeugnis des neuen, von Christus gestifteten Bundes anerkannt sind, und damit ein Teil der Bibel. Das NT besteht aus 4 Evangelien, der Apostelgeschichte, 21 Briefen (von Paulus, Jakobus, Petrus, Johannes und Judas) und der Offenbarung des Johannes.

Nonne (weibl. Form von lat. nonnus = Mönch) Weibliches Mitglied einer religiösen kontemplativen Ordensgemeinschaft. Mitglieder tätiger Frauenorden werden im allgemeinen »Schwester« genannt.

Novize (von lat. novicius = neu, jung, Neuling) Jemand, der in einen religiösen Orden eintreten will, lebt die ersten ein bis zwei Jahre in diesem als Novize. In dieser Zeit lernt er den Geist des Ordens besser kennen und kann seine Berufung klären. Das Noviziat endet mit den ersten zeitlichen Gelübden.

Offenbarung Gott gibt sich den Menschen in der O. zu erkennen. Die größte O. Gottes ist Jesus Christus. Der Kirche ist aufgetragen, die O. zu bewahren, zu überliefern und auszulegen.

Ökumene (von griech. oikomene = Weltkreis) Die Gesamtheit der christlichen Kirchen. Die Ökumenische Bewegung versucht, die im Laufe der Geschichte entstandenen Spaltungen der Christenheit in verschiedene Konfessionen zu überwinden. Erste Ergebnisse sind: gemeinsame Gottesdienste, Bibelwochen, diakonische Aktionen, ökumenische Trauungen, gegenseitige Information und Abstimmung in den Lebensfragen des Volkes.

Ordination Kirchliche Weihe, durch welche eine Person in eine bestimmte Weihestufe (Diakon, Priester, Bischof) und damit in die kirchliche Hierarchie aufgenommen wird. In den Kirchen der Reformation Ritus zur Berufung in ein geistliches Amt.

Ostern (von »Urständ« = Auferstehung oder »Osten« oder von der Frühlingsgöttin Ostara) Fest der Auferstehung Jesu Christi von den Toten, gefeiert am ersten Sonntag nach dem Frühlingsvollmond.

Palmsonntag Mit dem P. beginnt die Karwoche. Er erinnert an den Einzug Jesu in Jerusalem vor seinem Leiden und die Begrüßung und Ehrung durch das Volk mit Palmzweigen. Die Eucharistiefeier beginnt mit einer Palmprozession (oder andere Zweige, z. B. Weidenkätzchen), nicht als historisierende Nachbildung, sondern als öffentliches Bekenntnis zur Nachfolge Christi.

Parasdies (von griech. paradeisos = Garten, Park) Im AT als Garten Eden Bereich des Menschen vor dem Sündenfall und des endzeitlichen Heils. Ähnlich steht P. im NT für den zwischenzeitlichen Aufenthaltsort der verstorbenen Gerechten, auch umschrieben mit »in Christus sein«.

Pate Bürge und Beistand für den Täufling und den Firmling. Er muss Katholik sein. Ein zweiter Pate kann einer anderen Konfession angehören.

Pax Christi (lat. = Friede Christi) Bezeichnung für die katholische Friedensbewegung.

Pfingsten (von griech. pentekoste = fünfzig) Am 50. Tag nach Ostern schließt der Osterfestkreis mit dem Pfingstfest ab. Die Kirche feiert an ihm das Kommen und Wirken des Heiligen Geistes (Apg 2,1–13).

Priester (von griech. presbyteros = Ältester) Neben dem allgemeinen Priestertum aller Gläubigen gibt es in der Kirche das besondere Priestertum, den »geweihten« Priester. Dieser steht im Auftrag des Bischofs der Eucharistiefeier vor, verkündet das Wort Gottes in der Eucharistiefeier, spendet Sakramente und leitet die Gemeinde.

Priesterweihe Vom Bischof gespendetes Sakrament,

mit welchem das besondere Priesteramt übertragen wird. Die P. wird fast ausnahmslos einem unverheirateten Mann gespendet, der seinem Bischof Gehorsam gelobt und eine entsprechende geistliche und wissenschaftliche Ausbildung absolviert hat.

Profess (von lat. professio = öffentliche Erklärung, Gelübde) Das freiwillige religiös-rechtliche Versprechen eines erwachsenen Christen, sich an Gott durch den Eintritt in einen klösterlichen Verband hinzugeben.

☧ zusammengesetzt aus Px. Dem Christusmonogramm liegen die beiden Anfangsbuchstaben des Namens Christus in griechischer Schrift zugrunde: X (= ch), P (= r), gesprochen Chi und Rho.
Seit dem 2. Jh. ist der Fisch ein Geheimzeichen für Christus, abgeleitet von dem griechischen Wort ichthys = Fisch. Die einzelnen Buchstaben bedeuten: Iesous Christos, Theou Hios, Soter = Jesus Christus, Sohn Gottes, Erlöser.

Reformation (von lat. reformatio = Neugestaltung). Die religiöse Umgestaltung im 16. Jh. führte zur Bildung der protestantischen Kirchen und zur Auflösung der kirchlichen Einheit. Die Anlässe waren: innerkirchliche Missstände, Veräußerlichungen im religiösen Leben und Brauchtum (Reliquien- und Ablasshandel), Verbindung von Kirche und Staat, Erstarrung der theologischen Studien. Innerkirchliche Reformversuche im 15. Jh. blieben in den Anfängen stecken. In Deutschland wurde die Reformation durch die Veröffentlichung der 95 Thesen Martin Luthers am 31. 10. 1517 in Wittenberg ausgelöst.

Reliquien (von lat. reliquiae = Überbleibsel) Der Leib verstorbener Heiliger bzw. Teile von ihm sowie Gegenstände, die von Heiligen gebraucht oder berührt wurden. R. werden häufig in kostbaren Reliquiaren (Behältnisse für R.) aufbewahrt und zur Schau gestellt. Sie werden verehrt, niemals angebetet. Im Laufe der Kirchengeschichte gab es dabei ungute Auswüchse.

Requiem (von lat. requies = Ruhe) Eucharistiefeier für Verstorbene, die mit den Worten beginnt: »Requiem aeternam … = Ewige Ruhe schenke ihnen, o Herr.«

Sakramentalien Weihe- und Segenshandlungen in der Kirche, die der äußeren Form nach Sakramenten ähnlich sind, von der inneren Wirkung her sich jedoch von ihnen unterscheiden, da sie nicht durch Christus eingesetzt sind, z. B. Kindersegnung, Blasiussegen, Kirchweihe, Kerzenweihe.

Synode (griech. synodos = Zusammenkunft) Versammlung von Bischöfen, Priestern und Laien einer Diözese oder eines Landes, in der über Fragen des kirchlichen Lebens beraten und verbindliche Beschlüsse gefasst werden.

Tabernakel (von lat. tabernaculum = Hütte, Zelt) Kostbarer, fester und abschließbarer Schrank zur Aufbewahrung des eucharistischen Brotes.

Teufel (von griech. diabolos = Verwirrer) Biblischer Name für den Bösen, für das gegen Gott sich auflehnende Geschöpf, das das Böse verursacht, für den »Herrscher der Welt« (Joh 14,30), dessen Herrschaft durch Christus gebrochen, aber trotzdem noch wirksam ist. Mitunter auch Satan oder Luzifer genannt.

Theologie (von griech theos = Gott und logos = Wort) Die Wissenschaft von Gott, im weitesten Sinne die Interpretation seiner Offenbarung. Die Offenbarung wird erklärt und gedanklich geordnet, in das vorhandene menschliche Wissen eingeordnet und in Beziehung gesetzt zur Philosophie der Zeit, zu Kultur und Wissenschaft. Sie wird auch auf die Folgerungen für das menschliche und christliche Leben hin bedacht. In der T. geschieht die kritische Begegnung gläubiger Menschen mit der Botschaft Gottes.

14 Wörterbuch katholischer Begriffe

Tischgebet Kurzes Gebet vor und nach dem Essen, in welchem Gott für die Nahrung gedankt und um Segen für sich und für die, die die Nahrung bereitet haben, gebetet wird.

Todsünde oder schwere Sünde Die freie und wissentliche Übertretung des göttlichen Gebotes bedeutet die Abkehr von Gott selbst. Sie bewirkt den Verlust der übernatürlichen Gnade. Stirbt der Sünder in diesem Zustand, d. h. ohne Reue, so hat er seine ewige Gottferne oder Verdammnis selbst bewirkt. Der reuige Sünder sollte baldmöglichst das Bußsakrament empfangen.

Tradition (von lat. traditio = Weitergabe). Gemeint ist die Weitergabe der Botschaft des Glaubens im Leben, in der Liturgie und in der Lehre der Kirche. Weil die Bibel ohne die Gemeinschaft der Glaubenden nicht denkbar ist, betont die kath. Kirche die Zusammengehörigkeit von Schrift und Tradition.

Unbefleckte Empfängnis Früherer Name des »Hochfestes der ohne Erbschuld empfangenen Jungfrau und Gottesmutter Maria« (8. Dez.). Maria war nach dem Glauben der Kirche vom ersten Augenblick ihres Lebens an (d. h. als sie von ihrer Mutter empfangen wurde) durch Gottes Gnade ohne den Makel (= Flecken) der Erbsünde.

Unsere liebe Frau (ULF) Katholische Bezeichnung für die Gottesmutter Maria.

Vater unser Das gemeinsame Gebet der Christenheit, das Jesus seine Jünger selbst gelehrt hat, vgl. Mt 6,9–13; Lk 11,1–4. Die lateinische Fassung beginnt: Pater noster. Es lautet:
Vater unser im Himmel, geheiligt werde dein Name. Dein Reich komme. Dein Wille geschehe, wie im Himmel so auf Erden. Unser tägliches Brot gib uns heute. Und vergib uns unsere Schuld, wie auch wir vergeben unsern Schuldigern. Und führe uns nicht in Versuchung, sondern erlöse uns von dem Bösen. (Denn dein ist das Reich, und die Kraft und die Herrlichkeit in Ewigkeit.) Amen.

Vatikanstaat Selbständiger Stadtstaat im Westen Roms (0,44 qkm) mit Petersdom, Vatikanpalast und Vatikanischen Gärten. Der Papst ist der Souverän dieses Staates.

Wegzehrung Die Krankenkommunion in Todesgefahr, als Nahrung auf dem »letzten Weg«. Diese »Letztkommunion« ist wichtiger als die »Erstkommunion«. Auch unter dem lateinischen Begriff Viaticum.

Weihwasser Vom Priester geweihtes Wasser. Es erinnert an das Taufwasser. Die Gläubigen besprengen sich damit oder werden besprengt, machen ein Kreuzzeichen und erinnern sich dabei in ihre Taufe. Das W. wird auch zu Weihen und Segnungen verwendet.

Zehn Gebote oder Dekalog (von griech. deka = zehn und logos = Wort) Im AT (Ex 20,1–17; Dtn 5,6–21) von Gott an Mose auf zwei Tafeln am Sinai übergebene Gebote als Bundessatzung für das Volk Israel. Die erste Tafel regelt das Verhältnis zu Gott (Götzendienst, Sabbat), die zweite enthält die Urordnung menschlicher Gemeinschaft, die auch bei anderen Völkern in ähnlicher Weise bekannt ist: sie schützt das Recht auf Leben (Töten), auf die Frau (Ehebruch), auf die Freiheit (stehlen = Menschenraub), auf die Ehre (falsche Anklage oder Zeugenaussage), auf Eigentum. Die 2. Tafel gilt alle Zeit und für alle.

Zelebrant (von lat. celebrare = feiern) Der Bischof, Priester oder Diakon, der eine gottesdienstliche Versammlung im Auftrag und in der Vollmacht Christi leitet.

Weitere Begriffserklärungen sind zu finden in:
F. G. Friemel, Erste Auskunft Religion in 1111 Stichworten, Leipzig 1991, ISBN 3-7462-1005-4

»Die Schöpfung
ist wie ein Abdruck
der Schritte Gottes.«

Johannes vom Kreuz

Die Deutsche Bibliothek – CIP-Einheitsaufnahme

Katholisch und trotzdem okay : was Sie schon immer über Kaholiken wissen wollten. - Leipzig :
Benno-Verl., 3. Aufl. 2001
ISBN 3-7462-1360-6

Bildnachweis:
Fotos S. 4 unten und S. 33: Sigrid Schütze-Rodemann, Halle

Originaltitel: How to Survive Being Married to a Catholic

ISBN 3-7462-1360-6

Leipzig 3. Aufl. 2001
Übersetzung: Claudia Trippmacher, Leipzig
Gestaltung und Umschlag: Ulrike Vetter, Leipzig
Herstellung: Kontext, Lemsel
Printed in the Czech Republic